Off

오프 Off

스테판 가르니에 지음

권지현 옮김

큰솔

폰을 끄라고? 농담이시죠?

솔직하게 말해야겠다. 바꿀 수 없는 규범과 현실에 내가 딴죽을 거는 이유는 무엇일까?

왜 하필이면 이런 책일까? 아마도 내 주변의 거리, 식당, 공연장, 가족 식사, 콘서트장, 친구 모임의 풍경이 달라진 걸 느꼈기 때문일 것이다. 사람들의 웃는 얼굴이 빛의 속도로 무감하고 무표정한 스크린으로 대체되고 있기 때문일 것이다.

많은 사람이 똑같은 경험을 했겠지만, 나도 저녁 모임에서 휴대전화에 눈을 박고 막 들어온 SMS를 보며 낄낄대는 사람들을 한숨 쉬며 바라볼 때가 많았다. 그런 사람들은 내가 하는 말에는 관심조차 두지 않는다. 내 말을 듣고 있기나 할까 싶어서 나는 아무 말이나 지껄이기도 했다.

아니나 다를까 사람들의 반응은 굼떴다. 나는 끝나지 않을 것처럼 길게 느껴졌던 몇 초 동안 조금 전에 물었던 걸 다시 물으며, 혁명적인 스마트폰의 화소에 아직까지 오염되지 않은 뇌간이 그 사람의 머리털 밑에 남아 있을까 궁금했다. 인터넷에 연결된 작은 세계의 스크린에 빨려 들어가 갇힌 사람들에게는 그 몇 십 초도 긴 시간이었다.

테이블에서 혼자라고 느낀 나는 다른 사람들과 똑같이 행동하기 시작했다. 다들 휴대전화를 확인하는 바람에 끊긴 대화에 미련을 두기보다는 아까 올려둔 포스트에 어떤 댓글이 달렸는지 확인하는 게 나을 것 같았다.

솔직히 말하면 나도 다른 사람들과 다를 바 없이 거대한 디지털 세계에 빠져들었다. 메일, SNS, 뉴스, 해시태그, SMS, 전화 통화에 파묻혔다.

누구나 다 하는 걸 하는데 뭐가 나쁘다는 건가? 휴대전화는 진보의 증표가 아니겠는가? 새로운 규범에 대항해서

싸운다 한들 상대나 될까?

이것은 일시적인 유행이 아니라 새로운 현실이다. 누구나 들어가야 하는 새로운 가상의 현실이다. 우리는 목숨 줄이라도 되는 양 24시간 가상의 세계에 연결되어 살아야 한다.

그렇게 스마트폰은 단 몇 달 만에 내 인생에 없어서는 안 될 동반자가 되었다. 몸에서 떨어뜨리기 힘든 분신이 되었다. 나는 스마트폰을 멀리해야겠다는 생각조차 하지 못했다. 스마트폰에 든 모든 것이 완전 소중했다.

나는 하루 24시간 내내 스마트폰에 연결되어 있어야 했다. '혹시 몰라서……' 어떤 계획이나 인터뷰 요청을 받을 수도 있으니 말이다.

항상 준비가 된 대기 상태, 항상 연결되어 있으며 언제나 '예스'라고 대답하는 상태. 그것도 웃으면서. 미치고 환장할 노릇이다.

나는 스마트폰의 과도한 사용으로 생긴 나쁜 습관, 무례함, 몰상식을 지적하고 비판했지만 결국 다른 사람들처럼 그런 폐해에 조금씩 물들고 말았다.

샤워하러 가면서 스마트폰은 왜 챙기나? 나의 이런 어리석은 행동이 심해질수록 들려왔던 유일한 메아리, "혹시 몰라서……." 아침 7시부터 모르긴 뭘 모르나? 그 이른 시간에 무슨 급한 전화가 올까? 게다가 샴푸 거품을 잔뜩 묻힌 머리, 치약 거품이 부글거리는 입으로 전화는 어떻게 받나?

이건 빙산의 일부에 불과하다. 스마트폰을 사용하기 시작하면서 우리의 삶은 조금씩 변하고 있다.

이 책에서 나는 현대인의 필수품으로 여겨지는 스마트폰의 무용성과 해악에 대해 말하려고 한다. 지나친 스마트폰 사용이야말로 스마트폰을 해로운 것으로 만든다.

누군가에게는 대수롭지 않게 보일 수 있지만, 스마트폰은 우리 일상을 조금씩 바꾸었고, 그 작은 변화들이 쌓이면서 우리의 생활 전체가 달라졌다. 이것은 대수롭지 않은 일이 아니다. 스마트폰을 통해서 내가 결국 깨달은 것은 나의 어리석음이 더 커졌다는 사실뿐이다. 이 책에서 다루고자 하는 내용도 그것이다.

나는 '과거로 돌아가자'고 주장하는 것이 아니다. 절대. 스마트폰은 유용하고 효율적이며 강력한 도구이다. 단, 스마트폰이 우리의 삶을 조종하는 것이 아니라 우리가 스마트폰의 주인이 될 때에만 그렇다.

기술은 빠르게 발달하고 있다. 우리는 최첨단 기술이 적용된 기기들의 기능에 압도되어 똑똑하고 지혜롭게 사용하는 방법을 깨닫지 못한다.

조금만 조절하고 균형을 맞춰 의존성을 줄이고 스마트폰을 올바로 사용하면 된다. 과거에는 자연스럽고 당연했지만 지금은 사라져버린 작은 행복의 순간들, 그리고 사람들과의 눈 맞춤을 되찾기만 하면 되는 것이다.

나는 이 책에서 스마트폰 화면에서 눈을 떼고 조금씩 중독에서 벗어나자고 제안하려 한다. 매일 적용할 수 있는 방법도 소개하겠다. 진정한 삶의 아름다움을 재발견하기를 바라며.

"전화기를 내려놔. 그때부터 인생이 시작될 거야."

전화기를 내려놓자.

그리고 인생을 잡자. 오늘부터 당장.

　책의 끝부분에는 스마트폰 중독의 정도를 알아볼 수 있는 테스트가 실려 있다. 책을 읽기 전 또는 읽은 뒤에 해보시라.

차례

이 책을 폈다는 건

스마트폰은 업무를 수행할 때 많은 도움을 주고 시간을 절약해주는 만능 도구이자 단순한 오락 도구였다가 자기만의 행동과 세계 심각한 중독자들은 그 안에 빠져서 하루의 절반 이상을 보낸다를 만드는 강박의 대상이 되기까지 최근 몇 년간 매우 큰 변화를 맞이했다.

스마트폰은 단순히 도구가 아니다. 예전에는 우리의 기억력을 확장해주는 도구, 생산성을 향상하는 도구, 모임에서 카메라를 대신하는 도구였다면, 이제는 일상생활의 일부 또는 전체가 되었다.

스마트폰에서 멀어지는 일은 불가능하다. 스마트폰에서 뭔가를 찾아보지 않고는 단 1분도 배기지 못한다. 깜빡하

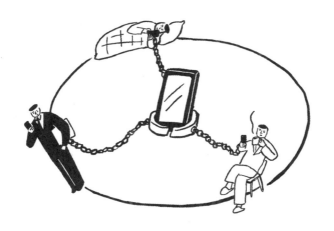

고 스마트폰을 집에 두고 나와 하루를 보내는 일은 참기 힘든 고역이다. 하긴 집 열쇠보다 중요해진 스마트폰을 애초에 두고 나가는 사람도 없겠지만.

가방에 넣고 다녔던 스마트폰은 옷 주머니 속을 거쳐 이제는 우리 손에서 떨어지지 않는다. 우리는 어떻게 이렇게 짧은 시간에, 누군가는 삶의 중심이라고 생각하는 스마트폰에 중독되었을까? 왜 점점 빨라지는 삶의 속도와 오락, 압축된 시간, 증폭된 익명성과 개인의 고립에 익숙해졌을까?

이제는 가속 페달에서 발을 떼어야 할 때가 아닐까. 스크린에서 눈을 떼고 그동안 변해버린 주위를, 과거에도 그리고 지금도 아름다운 세상을, 그리고 사람들을 바라볼 수 있지 않을까. 눈 한 번 마주치지 않고 도시를 헤매는 유령 같은 사람들에 대해 무슨 말을 할 수 있을까. 외로움과 고립으로 고통받는 사람들에 대해.

"휴대폰을 내려놔. 그때부터 인생이 시작될 거야!"

이 말을 듣는 순간 감전된 듯 찌릿했다. 나도 작은 화면의 소용돌이에 빨려 들어가 얼마나 많은 것을 놓쳤는지 모른다. 숱한 시간과 웃음, 주변의 많은 아름다움을. 재미있는 미로처럼 생긴 그 소용돌이에는 화면을 누를 때마다 뭔가를 팔려는 사람들이 도사리고 있다. 그것은 우리의 시간, 그리고 우리의 삶을 훔쳐가는 소용돌이이다.

당신이 이 책을 펼칠 생각이 들었다면 그건 아마 잠깐이라도 가상 세계와 연결을 끊고 현실 세계의 문을 다시 열었기 때문일 것이다.

◀ 디톡스 솔루션 💬

 건강한 디톡스의 시작은 이 책을 읽을 때마다 스마트폰을 'OFF' 하는 것이다.

전부 공짜라고?

스마트폰을 'OFF'하면 삶을 'ON'하는 것이다.

내가 문제 삼는 것은 훌륭한 도구로서의 스마트폰이 아니라 스마트폰의 과도한 사용이다.

작은 화면 안으로 빨려 들어가다 보면 진짜 삶은 사라지고, 우리는 그 삶과 단절된다.

그러나 유혹은 크다. 어마어마한 오락과 서비스가 제공되며 게다가 공짜이기 때문이다.

기기 값은 터무니없이 비싸지만 인터넷, 게임, 애플리케이션, 메신저, 파일 저장 등은 공짜이기 때문에 스마트폰이 그만큼 성공했고 또 지나친 사용을 불러왔지 않은가.

하지만 이 광고 문구를 기억하자. 꼭 디지털 분야가 아니더라도 모든 공짜에 통하는 말, **"누가 공짜로 뭘 준다면 당신이 상품이라는 얘기다."**

스마트폰을 'ON'에 두는 건 현재와 진짜 삶을 'OFF'시키는 것이다. 오늘날 삶의 질, 행복한 순간, 발견의 기회는 버튼 하나에 달려 있다. 'ON' 또는 'OFF'.

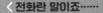 전화란 말이죠……

 "전화 : 불쾌한 인간들을 먼 거리에 둘 수 있는 핑계를 없애버린 악마의 발명품"
  - 앰브로스 비어스, 《악마의 사전》

"편지는 발로 가는 전화다."
  - 장-마리 구리오, 《술집 낙서 모음집》

"휴대전화는 내면의 불안을 밖으로 보여주는 신호다."
  - 파스칼 세브랑

"휴대전화, 방랑자 인간을 번호가 찍힌 표적으로 만든 기기."
  - 짐 해리슨, 《영국군 소령》

"현미경이 눈을 위한 발명품이라면 전화는 귀를 위한 발명품이다. 멀리 있는 사물들이 솔모없는 수많은 디테일로 우리를 괴롭힐 수 있게 해준 발명품."
  - 앰브로스 비어스, 《악마의 사전》

거울의 저편을 택하다

우리는 거울의 어느 쪽에 서 있나? 현실 쪽인가 아니면 거울에 비친 모습 쪽인가? 과연 진정한 삶이란 무엇인가?

거울은 우리에게 답한다.

진정한 삶이란

우리가 만질 수 있는 것, 맛볼 수 있는 것,

그 안에서 웃을 수 있는 것.

진정한 삶이란

사진, 추억 같은 흔적을 남기는 것,

우리가 만들어내는 것.

진정한 삶이란

운명 같은 것, 그리고 우리가 선택한 것.

화면을 통해 살다 보면 거울에 대한 질문을 던지게 된다. 거울 저편에서, 그러니까 우리 삶의 화면 반대편에서 많은 시간을 보내면, 현실이 가상이 될 위험이 커진다. **나 자신이 아니라 거울에 비친 나로만 살아갈 위험이 커지는 것이다.**

삶의 관객이 아니라 주체가 되는 것이 중요하다.

링거를 매단 것처럼 스마트폰에 24시간 연결된 우리는 현실을 살고 있다는 착각에 빠져 있고 눈앞에 흘러가는 인생을 수동적인 관객처럼 바라볼 뿐이다.

"습관의 사슬은 느껴지지 않을 정도로 가볍지만
그 사슬을 끊으려 하면 무거워진다."
― 워런 버핏

터치, 터치, 터치

지나친 스마트폰 사용에 관한 연구가 늘고 있다. 연구의 형태, 대상, 국가에 따라 수치는 다를 수 있지만 그 결과는 하나같이 놀랍고 때로는 걱정스럽다.

스마트폰을 얼마나 많이 사용하는지 알아보기 위해 간단한 테스트를 해보자. 당신은 하루에 몇 번이나 스마트폰을 들여다보는가?

머릿속에 떠오르는 숫자가 있는가?

그 숫자에 2를 곱하면 그게 실제로 하루 종일 스마트폰을 봤던 횟수다.

영국의 한 연구[1]에 따르면 18~34세 성인은 10분마다 한 번씩 스마트폰 알림 메시지를 확인한다. 24시간으로 계산해보라. 그러면 정확한 수치가 나온다.

새 메시지를 확인하는 것뿐만 아니라 애플리케이션 사용에 관한 연구도 이루어졌다. 콤스코어 미디어 매트릭스 Comscore Media Metrix[2]는 하루 평균 애플리케이션 사용 시간이 2.3시간에 달하며 18~24세에서는 3.2시간으로 늘어난다고 밝혔다.

내가 가장 충격을 받았던 연구[3]는 모바일 앱 개발 회사인 디스카우트Dscout가 수행한 것이었다. 디스카우트는 94명의 사용자가 스마트폰과 갖는 상호작용을 기록했다. 그 결과는 놀라웠다. **사용자들은 하루에 평균 2,617회 스마트폰 화면을 터치했다.**

스마트폰을 들여다보는 행위는 매우 자연스러워서 그것이 우리 삶의 일부가 되었다는 인식조차 하기 힘들다. 심각

---

1 2014년 카나 소프트웨어(Kana Software)가 의뢰하여 옴니뷔스(Institut Omnibus)가 수행.

2 〈디지털의 미래 예측〉, 콤스코어 미디어 매트릭스, 2018년.

3 〈스마트폰 터치 중독·모바일 터치 : 인간과 기술에 관한 연구〉, 디스카우트, 2016년 6월.

한 경우에는 스마트폰 사용 시간이 깨어 있는 시간의 절반을 차지하기도 한다.

‹디톡스 솔루션

눈앞에서 치워라

집에서는 유선 전화가 있는 거실 또는 다른 방에 스마트폰을 두자.

눈앞에 보이지 않고 손에 들고 있지 않으면 알림 메시지를 자꾸 확인하는 나쁜 버릇을 쉽게 고칠 수 있다.

누군가 '좋아요'를 누른 것이 왜 그렇게 당신에게 중요한가?

그게 다야?

내 아이, 내 고양이, 바다를 배경으로 찍은 내 발, 내 긴 의자, 내 개가 문 자국, 우리 막내의 탄생 팔찌, 우리 석쇠에 구워진 고기, 내 화분, 내 서양자두 파이, 내 어린 시절의 그네, 나이트클럽의 지저분했던 화장실, 호숫가에서 연인과 마시는 모히토 한 잔…….

자기 과시가 이 정도로 간단하게 끝나면 얼마나 좋을까? 그러나 사람들은 관심사, 열망, 꿈에 따라 자신의 삶을 치장한다. 때로는 허언증의 경계까지 나아간다. 그렇다. '과시' 경쟁 때문에 거짓말까지 서슴지 않는 것이다.

이 경쟁에서 절대 말하면 안 되는 금기어가 있다.

"내 삶은 네 삶보다 더 멋져."

그 대신에 공항 사진 "나 여행 떠나." 이나 최고의 맛집 사진 "미안, 넌 여기 못 오지?" 을 잔뜩 올린다. 나도 안다. 순진하게 바라보면 그저 좋은 시간을 다른 사람과 공유하는 것처럼 보일 수 있음을. 하지만 사진을 올리고 싶은 충동은 어디에서 오는 걸까?

아는 사람과 공유하는 정도라면 그 사진들을 엽서 보내는 차원으로 볼 수 있다. 그러나 '친구'의 수가 어느 수준을 넘어가면 솔직히 말해서 디지털 거울 속에 머물고 싶다는 뜻으로 봐야 하지 않을까? 사진 밑에 달리는 '좋아요' 수에 따라 '당신은 중요한 사람'이라는 메시지를 보내주는 거울 말이다.

이렇게 다 드러내고 나면 개인적인 것은 무엇이 남는가?

아주 사소한 일까지 다 펼쳐놓으면 우리의 비밀 정원에는 무엇이 남을까? 디지털 공간에 모든 것을 공개하는 것은 프라이버시에 관한 논쟁은 차치하고라도 우리 자신을 다 비워내는 것이 아닐까? 글자 그대로.

모든 걸 드러내고 나면 당신에게는 더 이상 발견할 것이 없지 않을까? 10시 15분에 작은 와플 한 조각과 곁들인 커피 한 잔이 오늘의 가장 중요한 사건으로 등록되어 있다면?

디지털 공간에 다 까발리고 나면 현실의 당신에게서 더 발견할 것이 남아 있을까?

작은 화면에서 우리의 삶 전체를 볼 수 있다면 우리 안에는 어떤 미스터리가 남아 있을 수 있을까? 우리는 어떤 면에서 흥미로움을 간직할 수 있을까?

 디톡스 솔루션

 댓글 금지!

사진을 공유하는 것이 과거에 우리가 엽서를 보냈듯이 정말 소식을 전하려는 의도이고 그 외에는 아무것도 기대하지 않는다면, 댓글을 금지한 상태에서 게시하거나 가장 친한 사람들만 공유하는 모드로 설정하면 어떨까?

제2의 손

집에 스마트폰을 두고 나온 적이 언제였던가?

1층까지 내려갔다가 스마트폰을 두고 온 걸 깨닫고 다시 집으로 올라간 적이 몇 번이었던가?

하루 중 스마트폰이 손에서 떨어져 나간 적이 있는가?

스마트폰을 멀리 두는 시간이 한 번이라도 있는가?

지금 우리 꼴이 이렇다.

스마트폰 없이는 한시도 보낼 수 없고 아무 일도 할 수 없다. 화장실에서, 직장에서, 운동할 때, 샤워할 때, 회식 자리에서, 소파에 드러누워 있을 때에도 스마트폰 없이는 모든 것이 불가능하다. 우리가 수동적인 관객일 때조차도.

스마트폰을 늘 들고 다녀야 한다는 것이 우리가 해결해야

할 유일한 문제다. 손에서 도무지 떨어지질 않으니 힘들다.

그런데 인간은 힘든 것에서 벗어나기 위해 무엇이든 발명하는 특출한 뇌가 있으니 어쩌면 조만간 최초의 스마트폰 이식이 가능해질지도 모른다.

멋진 신세계! 희망찬 미래!

‹ 디록스 솔루션

두고 나가기

하루 동안 스마트폰을 집에 두고 나오면 어떨까?

처음에는 아마 약간 공포감이 밀려올 것이다. 세상 속에서 눈이 먼 느낌일 것이다. 연락이 안 되니 위험에 처했다는 불안감이 엄습할 것이다.

그러나 오랫동안 잃었던 느낌을 다시 찾기 때문에 머지않아 긍정적인 기분으로 바뀔 것이다. 내가 어디에서 무엇을 하는지 아무도 모른다는 느낌이 좋아질 것이다.

왠지 모를 자유로운 느낌이 다시 찾아올 것이다.

여기만 아니면 돼

저녁 모임에 널리 퍼진 분열의 징후가 있다. 바로 그날 만난 사람들과 장소, 분위기를 즐기지 않고 휴대전화로 다른 모임에 있는 사람과 다른 모임에 대한 대화를 나누는 데 더 많은 시간을 보내는 증상이다.

그 순간에 휴대전화에 빠져든 사람은 자신이 가 있지도 않은 모임으로 순간 이동하는 꿈을 실현하는 것이라 치자. 그는 몇 시간 전부터 SMS로 대화를 나누는 사람들과 함께 있는 셈이다. 그러면 그다음에는 무슨 일이 벌어질까? 상황이 똑같이 뒤바뀔 것이다. 그 사람은 다른 모임에 가서도 또 다른 사람과 시간을 보낼 테니까.

우리는 같이 있는 사람과 함께하기보다는 '부재 중'이고 싶

어 한다. 그렇게 우리는 현실에 충실하지 못하고 다른 곳의 삶이 더 나으리라는 지속적인 환상에 빠져 산다.

〈 디톡스 솔루션

지금의 '잔디'를 즐겨라

저녁 모임에 도착했다면 휴대전화를 웃옷 주머니나 가방에 넣어두자. 말도 건네고 싶지 않은 사람들을 만날 거면 뭐하러 모임에 왔나? 그냥 집에 있지!

프랑스 속담에 '옆집 잔디가 더 푸르다'는 말이 있다. 그러나 모든 풀밭에는 나름의 감미로움과 새로움과 다양함이 존재한다. 그러니 풀의 향기를 음미할 수 있도록 노력해야 한다. 40제곱센티미터의 세계에 코를 박고 있으면 그 어떤 웃음과 대화에도 참여할 수 없다.

싸우자는 거지?

"잠깐만! 나 이 전화 진짜 받아야 돼."

연인이나 오랫동안 못 만났던 친구와 한 시간 정도 술잔을 기울이고 있을 때 이런 말을 들어보지 않은 사람이 있을까?

다른 곳은 늘 지금, 여기보다 더 위급하다.

휴대전화 저편에 있는 사람은 지금 이 자리에 있는 당신보다 더 중요하다.

누군가와 만나고 있으면서 쉴 새 없이 휴대전화를 확인하는 것은 상대방을 무시하는 신호이다. 그런 행동은 더도 말고 덜도 말고 "내 전화가 너보다 더 중요해."라는 말이다.

내가 만약 《적을 만드는 법》이라는 책을 쓴다면 한 꼭지 전체를 그런 식으로 무례하게 구는 법에 할애할 것이다.

〈 디톡스 솔루션

전화냐, 친구냐

사람들과의 관계에서 조금 예의를 되찾는 것은 어떨까?

그리고 자주 볼 수 없는 친구와 함께하는 아름다운 순간을 누리면 어떨까?

말로만 들으면 아주 간단해 보이지만 친구를 만날 때마다 그렇게 하는 사람이 솔직히 몇이나 될까?

새로운 사랑법

우리가 사랑하는 사람과 마주 앉아서 커피를 마실 때에도 휴대전화는 대화를 막는 물건이 아니라 대화의 중심이 된다.

각자의 휴대전화가 테이블 중앙에 놓여 있고, 방금 올린 컵케이크 사진, 서로 공유한 완전 대박 움짤에 달린 최신 댓글을 보여주느라 정신이 없다.

그 순간에 가상의 세계가 들어서서 현재를 대신한다. 두 사람의 삶의 중심은 서로 공유하고 자랑스럽게 과시하는 몇 개의 픽셀에 갇힌다. '**커넥티드 휴머노이드**'들에게 함께 찍은 셀카에 얼마나 많은 '좋아요'가 눌렸는지 서로 비교하는 것보다 더 좋은 교감은 없다.

프로필 사진 말고 눈앞의 얼굴을 봐

나는 이 책에서 누구에게 훈계를 하려는 것이 아니다. 그러나 이 순간에 친구와 나눌 더 가슴 뛰고 내밀한 것이 정녕 아무 것도 없단 말인가?

당연히 있다. 다시 한 번 말하지만, 휴대전화를 집어넣고 서로를 바라보자. 서로의 말에 귀를 기울이고 진짜 삶에 대해 대화를 나누자. 누군가가 프로필 사진을 바꾼 게 무슨 상관이고, 오늘은 얼굴이 엉망이라는 게 뭐가 그리 대수일까!

스마트폰과 함께 태어나다

한 카페테라스에서 옆 테이블에 앉은 젊은이 세 명이 수다를 떨고 있다. 스냅챗에서 '좋아요'를 실시간으로 서로에게 날리고 있는 모습은 놀랍지 않다.

"와, 너 나한테 하트 보내줬구나. 너무 귀여워!"

"키스 좀 그만 날려. 나 얼굴 빨개지려고 해."

나는 그들의 '대화'를 한동안 지켜봤다. 두 사람은 서로 마주 앉아서 커피가 식는 것도 모르고 스마트폰에 빠져 있었다.

화면과 앞 사람의 눈을 번갈아 가며 바라보는 모습은 패 인상적이었다. 마치 휴대전화 화면이 대화에 생명을 불어넣는 것 같았다.

　중간의 또 다른 사람은 여자들의 관심을 받고 싶은 남자가 흔히 그러듯이 하트를 엄청나게 보내면서 두 사람의 '대화'에 끼고 싶어 했다. 두 사람 중 한 여자가 더 해보라고 부추겼다. 그리고 한번은 "그래, 너한테도 하트 날려줄게."라고도 말했다. 헛된 희망을 주는 일이지만 그거야 또 다른 문제일 뿐⋯⋯.

　세 사람의 교차 지점에서는 가상의 세계와 화면이, 그들이 느끼는 현실이 된다. 그들은 진지한 대화는 아예 나누지 않았고, 서로 손끝 하나 닿으려고 하지 않았다. 그건 참으로 고루한 일이므로.

차라리 화면을 쓰다듬는 게 낫다. 상대방과 작은 테이블 하나를 두고 마주 앉아 메신저를 통해 환상을 꿈꾸는 것이 좋다.

맞다, 나는 잠시 꼰대가 된 기분이었다. **젊은 세대는 스마 트폰을 받아들였을 뿐 아니라 그것과 함께 태어나지 않았나.**

＜ 디톡스 솔루션

 '꼰대'의 변

이 세대에게 디톡스가 필요한지 모르겠다. 그들은 스마트폰 이 이미 존재하는 현실에서 태어났기 때문이다. 마흔네 살인 내가 따라가지 못하는 그들의 스마트폰 사용 행태가 잘못되 었다고 판단할 수도 없고 그러고 싶지도 않다. 그들의 미래를 믿지 못하는 셈이기 때문이다.

다만 나는 휴대전화 밖에도 세상이 존재한다고 말해주고 싶 다. 삶이란 휴대전화 화면을 통해 볼 수 있는 것만은 아니라 고 말이다.

전화 말고 너를 충전해

몇 년 전만 하더라도 우리는 저녁이 되면 휴대전화를 껐다. 밤에 누군가에게 방해를 받고 싶지 않아서, 그리고 기기가 계속 작동하면 고장 날 수도 있으니 켜두고 싶지 않았다.

그런데 2~3년 만에 이런 행동이 사라졌고 오히려 역전되었다. 낮이든 밤이든 우리는 언제나 연락 가능한 상태여

야 한다. 혹시 모르니 답할 수 있는 상태여야 한다.

우리가 재충전해야 하는 시간에 세상과 단절되는 것을 방해하는 요소가 아닐 수 없다.

디톡스 솔루션

취침 모드로!

확실하게 단잠을 자려면 적어도 비행기 모드로 설정하는 것이 어떨까?

가장 좋은 방법은 물론 전화기를 완전히 끄는 것이다. 그러면 전화기에서 나오는 전파도 차단할 수 있다.

해방의 기쁨

"휴대전화를 잃어버리자 난 해방되었어. 메일, 인터넷, 전화기 없이 48시간을 보냈지. 완전 난리였어. 그런데 그거 알아? 나는 살아남았어."

– 소피 킨셀라, 《쇼퍼홀릭》

"집에서 가끔 전화기를 꺼두면 토슈즈라 투투를 벗어던진 발레리나가 맛보는 기쁨을 느낄 수 있다."

– 조제 아르튀르, 《생각들》

더는 못 참아

"우리가 지겨우면 말해."

식당에 들어가 자리를 잡고 식전주를 마실 때부터 키보드를 미친 듯이 눌러대거나 오지도 않은 메시지를 확인하기 시작하는 사람에게 늘 하고 싶었던 말이다.

사실 어느 날엔가는 꿈꾸기를 멈추고 그냥 내뱉었다. 정말 더 이상 참아줄 수가 없었기 때문이다.

그리고 '갑분싸'. 핀잔을 들은 친구의 면상을 보니 그가 방금 올린 튜닝 오토바이에 관한 포스트의 우주적 중요성을 내가 미처 깨닫지 못했던 모양이다.

거기 달린 '드립'에 다시 아리스토텔레스 버금가는 정교한 대화술로 댓글을 다는 것 또한 위급하고도 위중한 일이었다.

다른 사람을 존중하는 방법은, 식당에 친구들과 함께 들어갔을 때 휴대전화를 넣어두고 좋은 시간을 보내는 것만큼 간단하다고 다시 한 번 말할 필요가 있을까? 휴…… 어떤 사람들에게는 그래줘야 한다.

아무튼 나의 주장은 점점 주변 사람들에게 알려지고 있다. 그리고 우리가 잃어버렸던 저녁 모임의 맛, 사람들과 교류하는 맛을 되찾고 있다.

〈 디톡스 솔루션

 친구들과 웃으며 함께하는 e-디톡스

간단한 놀이로 화기애애한 분위기를 조성하자.

예를 들어 식사가 시작되기 전에 미리 친구들에게 알린다.

"휴대전화를 가장 먼저 들여다보는 사람이 오늘 밥값 계산하기!"

"가장 먼저 전화가 걸려오는 사람이 술 한 잔씩 돌리기. 난 벌써 비행기 모드로 바꿨어. 너희는 하고 싶은 대로 해."

"오늘은 휴대전화 없이 식당에서 모일 거야. 시간 돼?"

접속이 끊긴 상태에서도 좋은 시간을 보낼 방법은 많다.

문화인들?

여자 친구 앞에서 잘난 척하려고 영화 상영 내내 코멘트를 다는 사람, 엄청나게 시끄럽게 사탕을 까먹는 사람, 10초에 한 번씩 뒤에서 의자 등받이를 발로 툭툭 치는 사람, 3초에 한 번씩 코를 훌쩍거리고 소매로 콧물을 닦는 사람 등 과거에는 말썽꾼 한 명이 영화나 공연 관람을 망치는 것이 일반적이었다. 그런데 끝판왕 휴대전화가 등장하자 상황은 더 악화되었다.

더 이상 감상을 큰 소리로 떠들지 않는다. 안 될 말! 이제는 영화가 상영되는 동안 페이스북 페이지에 달린 댓글에 코멘트를 단다. 이제는 영화관에서 여자 친구의 어깨를 감싸는 옛날식 유혹은 시도하지 않는다. 뭐래! 이제는 틴더의 프로필을 소리 내 비웃으며 비교한다.

극장 안도 더 이상 깜깜하지 않다. 그럴 리가! 뒷줄에 앉아서 보면 불 켜진 작은 화면들이 은하수를 이루고 있다. 영화를 휴대전화로 촬영하는 사람들에 대해서는 말도 마라.

나의 친애하는 동시대인들의 이런 사소한 무례에 내가 얼마나 화가 났겠는가!

 〈 디톡스 솔루션

진정한 문화생활을 원해?

모두가 조금 더 예의 바르고 정중한 태도를 취하지 않으면 영화관과 공연장 내부에 4G와 와이파이가 터지지 않도록 전파 방해 장치를 설치해야 할지도 모른다.

소음 특급열차

내가 얼마 전에 탔던 고속 열차는 그야말로 거대한 동물 우리였다. 거의 모든 승객이 전화 통화를 하며 자기 목소리가 상대방에게 더 잘 들리라고 너도나도 목청을 높였다. 시끄러운 불협화음이 울려 퍼졌다. 그중에서도 가장 과시벽이 심한 사람들은 자신들이 얼마나 위대한지를 더 할 수 없이 무례하게 떠들어댔다. 나머지 승객들에게는 그 소리를 피할 방법이 없다.

휴대전화를 꺼달라는 안내 포스터가 떡하니 붙어 있기도 하고, 사람들 대부분은 사실 휴대전화를 끄고 통화를 할 때에는 복도로 나가서 하면 여정이 더 즐거우리라는 걸 잘 안다. 그런데 몇몇 예의 없는 사람들은 거리낌 없이 큰 소리로 떠들며 자신의 쓸데없는 일상을 다른 사람들에게 들려준다. **마치 세상 전체가 자신이 중요한 사람임을 알아야 한다는 듯이!** 마치 이 중독된 세상의 중심인 전지전능한 '나님'과 같은 칸에 탄 걸 행운으로 알라는 듯.

< 디톡스 솔루션

연대는 가능하다

그런 사람에게는 예의 바르게 입 닥치라고 말하는 방법 외에 별다른 수가 떠오르지 않는다.

그런데 그 순간에 그 '특별한' 인간이 떠들어대는 불평의 소용돌이에 휘말린 사람은 나 혼자가 아니다. 주위에서 똑같이 생각하는 사람들이 나누는 눈빛 교환을 보자. 나 혼자 당하는 일이 아니기 때문에 짜증은 더 커진다. 누군가는 어리석은 짓에 동참하지만, 우리는 문제를 해결하기 위해 연대할 수 있다.

그 순간에 함께 분노하는 승객들과 단체로 불만을 제기하자. 대화는 복도에서 조용히 끝나야 할 것이다. 우리가 기억해야 할 위대한 법칙, '망나니에게는 친구가 없다!'

이 순간은 저장이 안 돼

내가 최근에 갔던 여러 콘서트장에서 사람들이 공연 내내 휴대전화 화면만 보고 있거나 콘서트를 촬영하는 모습은 가히 충격적이었다. 생생한 공연을 보려고 간 것일 텐데, 사람들은 초소형 화면 너머로 걸러진 장면들을 현실과 떨어져서 관망한다.

함께 간 사람들과 공연장의 사진을 기념으로 찍는 것과 스마트폰을 콘서트 내내 머리 위로 들어 올린 채 관람하는 것은 엄연히 다르다.

나도 공연하는 그룹의 전설적인 곡 몇 개를 비디오 모드로 촬영한 적이 있지만 영상을 단 한 번도 다시 보지 않았다. **공연 당시의 순간만이 살아 있었고, 그 순간만이 중요했다.**

나도 다른 많은 사람과 다를 바 없이 그 순간을 고정시키고 나만을 위해 간직하고 싶었다. 일종의 독점을 하고 싶었던 것이다. 자기애의 발로라고나 할까. 그러나 찍은 비디오를 다시 꺼내보지 않는다는 것을 '경험'으로 배우고 나서 나는 그 마법 같은 순간에 노래를 제대로 감상할 줄 몰랐다는 걸 깨달았다. 그 당시에는 화면이 흔들리지 않도록 무대를 찍을 생각밖에 없었다. 참 잘한 짓이었다!

추억은 비디오보다 오래 남는다. 비디오는 스마트폰의 메모리만 채울 뿐이다. 몇 달이 지나면 더 '중요한' 순간을 담겠다고 공간을 만들기 위해 비디오를 지워버릴 것이다.

그 비디오를 삭제하는 순간의 어리석음은, 정말 이 세상에 다시 없을 것만 같았던 비디오를 촬영하느라 허비한 순간의 어리석음과 데칼코마니처럼 맞닿는다.

◀ 디룩스 솔루션

 카르페 디엠!

현재를 백 퍼센트 즐길 줄 안다는 것은 지금 이 순간을 완전하게 인식할 줄 아는 것이다. 콘서트의 유일무이한 순간의 마법에 빠지면 내가 좋아하는 곡이 영원히 내 기억에 새겨질 것이다.

비즈니스 훼방꾼

코칭, 임원, 회의, 고객과의 만남을 다루는 글에서 부작용이 즉각적으로 나타나는 어떤 현상을 언급하는 경우가 많다. 바로 미팅 자리에서 테이블 위에 휴대전화를 꺼내 놓거나 자꾸 확인하는 일이다.

당신이 꺼내놓은 휴대전화를 보고 리크루터나 사업 파트너가 무슨 생각을 할지 한번 그들의 입장에서 생각해보자. '나보다 다른 연락이 더 중요한가?' '나를 정말 무시하는군!' '처음부터 아주 잘하는 짓이다!'

이 현상의 특징은 서열이 높을수록 약속이나 회의, 대화에 휴대전화가 끼어드는 것을 싫어한다는 것이다.

그런 작은 일 때문에 고객이나 상사에게 외면당하는 것

은 안타까운 일이 아닐까. 바쁜 와중에도 시간을 들여 당신을 만나주는 사람을 조금은 존중해야 하지 않을까. 사업이나 재정 상태, 또 직장 생활을 위해서라도 이런 나쁜 습관은 완전히 버려야 한다.

< 디록스 솔루션

효과 빠른 처세술

미팅 자리에 나가면 휴대전화를 비행기 모드로 변경하고 가방에 넣는다.

요즘 세상에 미래의 고객, 파트너 또는 고용인에게 지금 이 순간 당신은 나에게 휴대전화보다 중요한 사람이라고 보여주는 것보다 더 좋은 처세술이 있을까?

오해와 착각의 도가니

스마트폰이 발달할수록 사람들은 그것을 전화기로 사용하지 않기 때문에 결국 대화가 줄어든다.

무심코 보낸 SMS 한 통 때문에 친구와 사이가 틀어진 적이 없는 사람이 있을까?

채팅, SMS, 온라인 메신저에서 오갔던 친절한 말들이 욕설로 변하는 건 순식간이다.

그 이유가 뭐냐고? 사용된 단어나 맥락을 잘못 이해하고 자기 마음대로 해석하기 때문이다.

앙드레 브르통André Breton은 "말 한 마디에 모든 것을 구하고, 말 한 마디에 모든 것을 잃는다."라고 했다. SMS에도 통용되는 말이 아닐 수 없다.

고의가 아닌 말로 의심이나 오해를 불러일으킬 수 있다. 그러면 전화기 양쪽에서 긴장이 고조되기 시작한다. 키보드를 누르는 손도 경직되고, 화가 날 수도 있다. 그러면 자기 입장을 말하고 싶어져서 결국 기분 상하는 말을 남발하다가 침묵이 들어선다. 양측이 서로의 입장만 고집하는 가운데 상황은 걷잡을 수 없이 악화된다. **이런 상황까지 오게 만들었던, 잘못 해석한 처음 메시지를 기억하는 사람은 아무도 없다.**

이런 일은 얼마든지 일어난다. 심지어 놀이나 속임수의 형태를 띨 수도 있다. 또 사이가 틀어지거나 영영 이별하는 경우도 발생한다.

〈 디톡스 솔루션

SMS로 인한 오해는 이제 그만!

간단한 해결책이 있다. 키보드 뒤에 숨지 말고 상대방에게 전화를 걸어 대화를 나누라. 그러면 왜곡을 했든 해석을 잘못했든 모든 오해는 끝날 것이다. 그렇지 않으면 사태는 걷잡을 수 없이 커져서 섣부른 결론, 말도 안 되는 결과를 낳을 것이다.

배터리 충전을 위한 방문

집에 찾아온 친구들이 현관에 들어서자마자 인사도 하지 않고 전기 콘센트를 찾는 일이 벌어진다.

친구들은 일사분란하게 흩어져 방 구석구석을 샅샅이 뒤진다.

배터리 없이는 살 수 없고, 연락이 가능하지 않은 상태, 접속이

불가능한 상태는 견딜 수 없다. 이는 마약을 찾아 헤매는 중독자와 다름없는 행태이다.

그렇다. 우리는 모두 스마트폰에 중독된 것이 분명하다.

거기에 그치는 것이 아니라 그런 손님을 위해 충전기도 구비하고 있어야 한다. "뭐? 삼성 충전기 없어?"라고 화가 나서 묻는 것도 이제는 놀랍지 않다.

정말 미안! 그럼 다음엔 너희 집에서 모이자. 그런데 너 아이폰 충전기 있지?

이렇게 아무것도 아닌 것들이 우리의 행동과 일상을 바꿔놓았다. 처음부터 말한 것처럼 그건 대단한 게 아니라 그냥 아무짝에도 쓸모없는 디테일일 뿐이다.

〈 디톡스 솔루션

 유머로 맞서기

전기 콘센트를 아예 막아놓자. 잘 있었느냐고 겨우 인사라도 할 시간이 난다면 조금 더 다정하게 말한다. "빵집은 저쪽이고 발전소는 여기야. 나도 널 만나서 반가워."

여기에 약간 꼬집는 톤을 덧붙이면 친구에게 앞으로는 무례하게 행동해선 안 된다는 것을 가볍게 이해시킬 수 있다.

60년을 관통하는 물건

스마트폰은 손에 가지고 다니기도 편하고 사용도 편리해서 컴퓨터와 인터넷에 별로 관심이 없었던 사람들에게까지 디지털과 스마트폰 시장이 열렸다.

단 몇 년 만에 손주들이 조부모에게 SMS를 보내는 시대가 왔다. 방금 캔디 크러쉬 678단계를 깬 노인들은 손주들의 SMS를 받아 기쁘다.

스마트폰 사용은 요즘 어린이들이나 지난 세기에 태어난 노인들에 이르기까지 광범위하게 퍼졌고 그 사용 행태도 강박적이다. 그런데 작은 화면에 매달려 있지 않고 다른 즐거움이 있는 노인들에게서는 중독 현상이 덜 나타난다.

그런 노인들을 관찰해보니, 오히려 그들이 스마트폰을

훨씬 합리적으로 사용한다. 그들은 누군가가 옆에 있으면 그 즉시 전화기를 내려둔다.

먼 거리에 있는 사람들을 위해서 늘 휴대전화를 확인하는 것은 전혀 급한 일이 아니다.

 디톡스 솔루션

 시간이 얼마 없다

혼자 지내서 하루 종일 사람과의 교류가 많지 않은 조부모의 생신날에 SMS로 축하 메시지를 보내는 대신에, 손자 손녀의 목소리를 들을 수 있도록 최소한 직접 통화를 하는 것이 어떨까? 직접 찾아뵐 수 있다면 더 좋다. 할머니 할아버지는 영원히 살아 계시지 않는다. 그분들 덕분에 우리가 존재한다는 사실을 잊지 말자.

일은 언제 시작할래?

특정 인터넷 사이트 접속을 차단하려고 필터를 설치한 기업이 많다. 근로자들이 근무 시간의 3분의 2를 SNS에서 보내거나 인터넷 쇼핑을 하거나 영상을 보기 때문이다.

이런 현상이 일부 근로자에게만 국한되고, 사람들이 인터넷이나 스마트폰을 적당히 사용한다면 문제가 되지 않을 것이다. 그러나 근로자들의 일탈 행위가 관찰된 것을 보면, 근무일에 개인 스마트폰 사용을 금지라도 하는 날에는 국민 전체가 거리로 쏟아져 나와 시위라도 할 기세이다. 이 문제가 근로자의 구매력 하락이나 고용 불안정 문제보다 훨씬 더 중요해서 모든 근로자들을 규합하는 대의가 될 것이다.

이것은 기업의 문제를 넘어서 근로자 개인에게도 피해가 간다. 업무 능력 저하나 업무로 인한 피로감에도 스마트폰이 큰 역할을 한다. 스마트폰이란 24시간 즐기게 하는 강력한 물건이어서 우리를 집중하지 못하게 만들기 때문이다.

‹ 디톡스 솔루션

일하자!

중요한 할 일이 있거나 효율성, 작업 능력, 생산성을 높이고 싶다면 일하는 시간에는 개인 휴대전화를 멀리 하라.

내가 만났던 사람들 중 집중력과 생산력이 가장 좋은 사람은 내가 일했던 마이애미의 녹음 스튜디오 프로듀서였다. 작곡가 겸 디렉터이기도 했던 그는 전화를 아예 받지 않아서 전화를 돌릴 필요조차 없다. 그는 전화 통화가 시간 낭비에 지나지 않는다고 생각하는 사람이다. 전화를 꼭 받아야 할 사람이 있으면(매우 드물었지만) 매일 아침 스튜디오에 출근하면서 비서에게 그 사람의 이름을 가르쳐주었다. 이 프로듀서는 바로 조 갤도이다. 그는 밥 말리, 프린스, 글로리아 에스테판 등 수많은 스타들, 그리고 수십 명의 훌륭한 음악인들과 작업했다. 유선 전화만 있을 당시에도 그는 전화가 시간을 잡아먹는 기계라고 생각했다. 그런 그가 휴대전화에 대해서, 그리고 언제든지 그 누구에게서든 연락이 가능해졌다는 사실에 대해 뭐라고 생각하겠는가?

피할 수 있는 사고들

전화기만 내려놓을 줄 안다면 피할 수 있는 사고들이 있다.

- SMS를 보내려고 휴대전화를 들여다보며 걷다가 전봇대와 정면으로 충돌하거나 보행로에 튀어나온 볼라드에 '중요 부위'를 다칠 수 있다^{내가 실제로 실험해보았다.}

- 휴대전화 키보드를 누르며 거실을 지나가다가 테이블 다리에 새끼발가락을 부딪칠 수 있다. '최대 재수 없음의 법칙'에 따라서 이런 상황은 꽤 자주 발생하니 집 안에서 돌아다닐 때 휴대전화에 코를 박고 다녀서 사고 위험을 최적화할 필요는 없다. 특히 새벽에 일어나 방향 감각이 제로일 때는 더욱 조심한다.

- 복도나 계단에서 발을 헛디뎌 빈대떡처럼 나자빠질 수 있다. 덤

으로 휴대전화 액정이 깨질 확률이 높다.

- 시내에서 휴대전화 키보드를 누르며 걸어가는 보행자에게 절
  대적인 적이 있으니, 보행로 한가운데에 떡 버티고 있는 커다란
  개똥이다. 철퍽! 두 발을 그 안에 다 담근다. 약속 장소로 가는
  중이었다면 안타깝기 그지없다.

웃긴데 너만 몰라

사실 스마트폰은 우리가 미처 인식하지 못한 사이에 우리를 우스꽝스럽게 만들 수 있다.

- 해수욕장에서 오후 내내 캔디 크러쉬를 하고 난 뒤 스마트폰과 양팔 자국만 가슴에 하얗게 남았을 때.
- 식당에서 테이블에 둘러앉은 모든 사람이 음식이 나오자 동시에 전화기를 꺼내 사진을 찍을 때.
- 일하고 있는 사람들에게 자신이 얼마나 환상적인 삶을 사는지 보여주려고 바다를 찍는다는 게 못생긴 두 발만 클로즈업해서 찍었을 때.

줄에서 이탈하기

줄을 서서 기다릴 때, 특히 일행 없이 혼자 서 있으면 그 지루함은 이루 말할 수 없다. 하지만 영화관이나 빵집 앞에 늘어선 줄을 보고 있노라면 길게 늘어선 양들의 행렬이 떠오른다. 휴대전화를 내려다보느라 고개를 숙인 채 보이지 않는 칸막이 사이로 천천히 움직여 도살장으로 끌려가는 모습이다.

어느 날 나는 이런 이미지에 충격을 받았다. 내가 그 이미지의 일부가 되고 싶은 생각은 눈곱만큼도 없다. **나는 인간으로서 어떤 거북함을 느꼈고**, 우스꽝스러운 삶의 줄에 매달린 또 하나의 클론이 된 기분이었다.

우리가 야생에서 살아가는 것도 아닌데 왜 그토록 이웃

과 담을 쌓고 인간에게 무감각할까. 겨우 10분 기다리는 동안에도 우리는 살아 있는 눈빛을 최대한 빨리 피하려고 한다. 줄을 서서 기다리는 동안 틴더에서 누군가를 만나는 것이 그저 고개를 들어 내 뒤에 서 있는, 그렇게 찾던 누군가를 발견하는 것보다 좋다니!

나르시시즘의 절정

　유선 전화와 자동 응답기가 전부였던 시절, 영화배우 로제 피에르Roger Pierre는 이렇게 말했다. "다들 자기 목소리가 너무 좋아서 외출할 때마다 집에 전화를 걸어 응답기에 녹음된 목소리를 들었지." 그 이후에 일어난 기술의 발전도 나르시시즘의 문화를 절정으로 끌어올렸다. 정말 그런지 알아보기 위해 우리의 삶을 낱낱이 파헤칠 필요도 없다. 셀카만 봐도 알 수 있으니까.

　과거에는 친구들이 우리 사진을 찍어줬지만 지금 우리에겐 셀카의 혁명 셀카봉이 있다.

　시인 스타니스와프 예지 레츠Stanislaw Jerzy Lec의 경구가 떠오른다. "식인종이 나이프와 포크를 들고 먹으면 그것을

진보라 할 수 있는가?"

저급화된 스타 만들기 현상으로 킴 카다시안Kim Kardashian, 미국의 패션 디자이너이자 방송인 – 옮긴이 흉내를 내는 일반인들이 '스타'가 된다. 그들은 재능 대신 얼굴과 뒤태를 찍은 셀카만 보여주면 되었고, 안타깝게도 수백만의 사람들이 그 뒤를 따랐다. 그렇게 몇 초 동안 자아를 만족시키는 셀카에 대한 욕구는 몇 분 뒤에 다시 사진을 올리고 싶은 유혹에 져버릴 만큼 강하다.

셀카라는 디지털 거울에 자신의 모습을 비춰 보느라 하루를 보내는 중독 외에도 우울증을 호소하는 사람들이 크게 늘어 문제다.

"왜 아무도 내 셀카에 '좋아요'를 안 눌러? 다시 찍어서 올려야지. 뭐야, 여기에도 '좋아요'가 없어? 어떻게 된 거지? 이렇게 해서 '성공'한 사람도 많은데. 왜 난 안 되는 거야?"

악순환이 시작된 것이다. 탈사회화, 모두가 비웃는 과장된 자아, 자신의 생활과 얼굴을 찍는 것만으로 스타가 되고 돈을 많이 벌 수 있다는 가짜 스타들이 보여주는 거짓말의 악순환이.

셀카를 찍으며 '거울아, 거울아, 이 세상에서 누가 가장 예쁘니?'라고 되뇌며 하루를 보내면 디지털 거울은 공허함을 비출 뿐이다.

나르시시즘의 한계를 확장하며 자신의 이미지를 가꿔주는 셀카 때문에 스마트폰을 지나치게 많이 사용하는 사람들이 다다를 곳은 결국 신기루뿐이다. **이미지로만 존재한다면 아무도 관심이 없다는 것을 알아챈 순간 미쳐버릴 수밖에 없다.**

나는 그것보다 나은 사람이야!

새 안경을 쓰고 찍은 967번째 셀카 말고 나에 대해 보여줄 더
가치 있는 것은 없을까?

우리는 극단적인 '보여주기' 유행보다 훨씬 더 가진 것이 많은
사람들이다. 이 유행은 우리의 인성, 재능, 성격이 입술을 앞
으로 뾰족하게 오므리고 찍은 하루 스무 장의 셀카, 딱 그뿐이
길 바란다.

눈먼 자들의 도시

앞을 보지 않고 걷는 것은 거리에서 스마트폰을 지나치게 사용했을 때 나타나는 직접적인 결과이다.

거리에 다니는 모든 사람이 한 손에는 휴대전화를, 다른 한 손에는 시각장애인용 지팡이를 들고 있는 것 같다.

"오늘 날씨 좋을까?"

"몰라. 날씨 앱에서 찾아볼게."

"알았어. 근데 그냥 하늘을 올려다보는 건 어때?"

웃지 마시라. 이건 친구와 나눈 대화의 극히 일부일 뿐이다.

예는 단순하지만 누구에게나 적용될 수 있다. 사실 거리에서 사람들을 보면 이마만 보일 때가 많다. 뒤통수에 시작된 탈모까지 볼 수 있을 지경이다.

아무도 서로를 바라보지 않는다. 출근하는 길에 매일 똑같은 사람들을 마주칠 테니 기억할 법도 하건만.

우리는 기계적으로 매일 똑같은 장소로 이동하게 해주는 레이더에 따라 움직이는 유령에 지나지 않는 걸까?

나는 우리가 쉴 새 없이 알림 메시지가 들어오는 작은 휴대전화에 코를 박고 사느라 **매일 서로에게 조금씩 더 이방인이 되어 가고 있는 게 아닌지** 걱정이다. 서로 만날 기회도 없고, 서로에게 웃으며 인사할 일은 더더욱 없는 익명의 사람들이 되어가는 것은 아닌지.

현실 세계에서도 우리는 타인의 시선 안에 어느 정도 존재하는 것이 사실이다. 그렇다면 서로를 바라보지 않고 서로에게 익명의 존재로만 살아가게 된 우리는 여전히 실존한다고 확신할 수 있을까?

고개를 들고 나의 세상을 재발견하라

내 주위를 돌아보자. 그것은 나를 둘러싼 세계의 현실과 접촉하고 연결되는 일이다. 매순간 현실에서 도망치려 하면 언젠가 더 이상 현실에 속할 수 없게 된다.

거리, 상점, 가로수, 나와 같은 시간에 같은 버스를 타는 사람들의 얼굴에 나를 스며들게 하면 어떨까? 내 삶의 일부였던 것, 과거의 일상 속에 다시 나를 잠기게 하면 어떨까?

매일 아름다운 이미지들을 재발견하기를 바란다. 어제 내가 전차 정거장에서 봤던 어린 여자아이처럼. 그 아이는 활짝 웃으며 할아버지의 손가락을 작은 손으로 잡고 있었다. 마주 보며 웃는 두 사람은 나에게 그들의 행복을 나눠 주었다.

그것이야말로 고작 몇 분 동안 사람들의 관심을 받는 트윗보다 훨씬 더 찬란한 햇빛, 더 상쾌한 공기였다.

사고 목격자

저녁 모임에서 친구들과 이 책에 대해 얘기를 나누던 중 소방관인 한 친구가 말했다.

"요즘은 사고나 재해를 목격한 사람의 첫 번째 반응이 119에 신고하는 게 아니라 사진이나 영상으로 찍어서 SNS에 올리는 거야."

그럴 수 있다는 생각을 해본 적이 없었다. SNS에 그런 사진들이 많이 돌아다니는 건 알지만 나는 그 사람들이 먼저 119에 신고를 한 줄 알았다. 그런데 그렇지 않은가 보다. 소방관 친구의 설명대로라면 많은 경우 사진 게시 시간과 119 신고 시간을 비교해보면 알 수 있다는 것이다.

그러고 보니 〈아메리카 퍼니스트 홈 비디오〉의 프랑스

버전이었던 〈비디오 개그〉라는 텔레비전 프로그램에 나가고 싶어서 자녀들의 목숨도 내놓을 태세였던 부모들이 생각난다. 이미 집에도 하나 있는 비디오카메라를 타려고 말이다. "그래, 곰한테 더 가까이 가봐. 잘한다, 내 새끼!"

휴대전화가 우리 일상에서 차지하는 자리가 심각하게 왜곡되고 있다는 사실을 진지하게 생각해봐야 하지 않을까? 어떤 경우에는 우리가 실제 세계에 존재하는 실제 위험을 깨닫지 못하는 것은 아닐까?

스크린을 통해서 삶을 보면 우리는 현실과 현재에서 벗어난 가상의 존재가 된다.

〈 디톡스 솔루션

다시 인간이 되자

불에 타고 있는 자동차 앞에서 보인 첫 번째 반응이 자동차에 탄 사람을 구조하려는 것이 아니라 자동차를 촬영하는 것이라면, 휴대전화의 지나친 사용에서 조금씩 벗어나야 하는 수준이 아니다. 휴대전화를 아예 쓰레기통에 버려야 한다. 그것이 양심 있는 인간으로 되돌아갈 수 있는 유일한 방법이다.

27

내 아기의 사생활

부모들이 하루가 멀다 하고 올리는 아기 사진이 넘쳐나면서 아이들의 사생활이라는 것이 없어졌다.

아이들은 그에 대해 어떻게 생각할까? 아이들을 노리는 범죄가 날로 늘어가는 마당에 그런 사람들이 사진을 악용할 위험은 어떤가?

지난 10년 동안 태어난 아이들은 출생일부터 시작해서 생애 전부가 부모의 SNS에 기록될 첫 세대이다. 어떤 부모들은 아이 이름으로 계정을 만들기까지 했다. 요즘은 가족 앨범이 주로 온라인에 저장되어 있다.

가까운 사람들만 볼 수 있다면 온라인에 올리는 것도 멀리 떨어져 있는 가족과 일상을 공유할 수 있는 좋은 방법이 될 것이다. 그러나 모두에게 공개된다면 그걸 본 모든 개인과 기업이 가족의 삶 전체를 작은 디테일까지 알게 된다. 그리고 온갖 목적으로 이용할 수 있다.

인터넷에서 잊힐 권리는 아직 이론으로만 존재한다. 경제적 이익이 크게 걸려 있는 만큼 그것이 적용되려면 많은 진통이 있을 것이다. SNS가 가진 자산은 개인 정보이기 때문이다.

미래에 이 아이들이 어른이 되었을 때 어떻게 생각할지 모르겠다. 노동 시장에서는 그들의 삶, 취향, 성향을 이미 모두 알고 있을 것이다. **그들은 태어난 날부터 모든 이에게 속살을 드러내고 살았다.**

그들은 어떻게 익명성의 일부, 사생활의 일부, 모두에게 드러난 삶의 아주 작은 디테일들의 조각 몇 개라도 회수할 수 있을까? 우리는 우리의 행동, 우리의 성향, 우리의 욕구가 그렇게 기록되고 분류되었을 때 어떻게 자유라는 허상을 간직할 수 있을까?

화면에 나타나는 모든 것이 개인의 일생 동안 수집된 거대한 데이터베이스에 의해 가공된 것이라면 사람들은 어디까지 자신의 선택을 확신할 수 있을까?

어렸을 적 찍은 사진, 사춘기 시절, 운동, 열정 등을 어른이 된 우리의 삶에서 언제나 볼 수 있고, 누구나 거기에 접근 가능하다는 사실을 받아들일 수 있겠는가?

 디톡스 솔루션

미래를 위해 아이의 사생활을 보호하자

자랑스러운 부모로서 깨물어 주고 싶을 정도로 귀여운 아기의 얼굴을 만천하에 공개하고 싶지 않은 부모가 어디 있을까. 하지만 아이의 미래를 생각하는 것도 아이를 사랑하는 방법이다.

권태기 극복법

커플 사이에서도 스마트폰의 지나친 사용은 침묵과 거리를 만들 수 있다. 각자 작은 화면에 몰입해 있으니 말이다.

남자는 오후 내내 게임에 빠져 있기 쉬운데, 이는 연인과 사이를 멀어지게 하고 고립을 가져올 수 있다. 이럴 때 연인이 내뱉는 비꼼의 말과 힐난하는 모습을 보면 재미있다. 실은 그녀도 하루 종일 친구들과 SMS로 수다를 떨거나 온라인 쇼핑에 빠져 있었기 때문이다.

남자가 식탁에서 휴대전화만 바라보는 일이 잦은 것도 커플에게는 기운 빠지는 해로운 행동이다. 그가 연인의 눈을 바라보게 하는 해결책? 스마트폰을 이마에 붙여라!

 휴대전화 없는 저녁 데이트

이보다 더 간단할 수 있을까. 음식 잘하는 작은 식당을 고르고 휴대전화는 집에 놔둔 다음에 외출한다.

한번 해보자. 최소 한 번만이라도. 집을 나서면서 잠깐 스트레스를 받는 순간이 지나면 발걸음을 뗄 때마다, 집에서 멀어질 때마다 행복감이 몸을 부드럽게 감싸는 것을 느낄 수 있을 것이다.

얼음벽

스마트폰 키보드를 두드리고 있는 사람에게 말을 걸어본 적이 있는가? 마지막으로 말한 문장의 내용이 상대방의 뇌에 도달할 때까지 걸리는 시간은 그 사람이 화면에 얼마나 몰입해 있는지에 따라 1분에서 20분까지 차이가 난다.

정말 기가 막히지 않는가!

짜증 섞인 한숨이 대화의 맥을 끊어 놓을 뿐만 아니라 소통은 있는 힘껏 잡아당긴 고무줄처럼 간신히 이어진다.

상대방과의 대화에 가장 열심이었던 사람도 결국 단념하고 마음을 안정시키기 위해 또는 심심하니까 자신도 휴대전화를 꺼내서 들여다보기도 한다. 테이블을 마주하고 앉은 커플들이 서로 바라보며 얘기를 나누지 않고 식사 시간의 절반을 휴대전화를 바라보며 보내는 모습을 자주 보지 않는가?

얼마나 차갑고 무관심한가. 그런 순간에 **상대방과 나 사이에 얼음벽이 생기는 걸 그냥 두느니 차라리 나 혼자 밥을 먹고 말겠다.**

디지털 왕따

'상시 접속'의 물결에 동참하지 않기로 결정했거나 아니면 단순히 금전적으로 여력이 없는 사람들이 겪는 꽤 이상한 현상이 있다. 사람들과 함께 모였을 때 무리에서 소외되는 것이다. 다른 사람들은 가까이 앉아서 말도 안 하고, 바라보지도 않고, 그저 각자의 세계에 빠지려고 모인 사람들 같다.

이 '디지털 왕따' 현상은 어린이들에게서 점점 더 많이 나타나고 있다. 부모들은 걱정을 하기도 하지만 오히려 한술 더 뜰 때가 많다. "우리 아이가 왕따를 당할 수는 없지! 여덟 살 생일선물로 아이폰 8 사달라고? 물론이지, 우리 딸!"

부모들은 어쩔 줄 몰라 하며 아이들이 쉬는 시간에 친구들과 어울릴 수 있도록 첨단 기술의 변화를 계속 따라갈 수 있게 해줘야 한다는 의무감에 시달리는 게 현실이다. 그렇지만 학교는 교내 스마트폰 사용에 대한 규칙을 만들고 준수하게 하는 역할을 해야 한다.

물론 많은 교사가 충분히 불만을 제기했다. 프랑스에서는 중학교 2학년 학생들 대부분이 수업 시간의 절반을 휴대전화로 메시지를 주고받거나 게임을 하는 데 보낸다고 한다.

어린아이들에게 휴대전화 사용을 스스로 조절하라고 요구하는 건 말이 되지 않는다. 집에서는 부모가 이와 관련한 교육을 잘 시켜야 하고, 학교에서는 학부모의 절반이 아이들에게 휴대전화를 들려 보내고 싶어 하므로 교사가 아닌 운영위원회가 휴대전화의 올바른 사용을 유도하고 일부 학생들이 소외되지 않도록 해야 한다.

교실에서 휴대전화 가두기

학생들이 교문에 들어서는 순간 학교가 그들을 책임져야 한다. 그렇다면 아이들은 수업 시간에 왜 휴대전화가 필요할까? '혹시 몰라서'?

학교에는 대부분 사물함이 비치되어 있으니, 몇몇 사물함에 자물쇠를 달고 열쇠를 아이들에게 맡긴 다음, 수업 시간에는 스스로 전화기를 사물함에 넣으라고 하면 어떨까.

휴대전화의 불평등이 사라진 교실에서 아이들이 차분함과 집중력을 되찾으면 교사들도 안심할 것이다. 더불어 학교를 오가는 길에 '혹시 모르니까' 아이들이 휴대전화를 들고 다녔으면 하는 부모도 안심할 수 있다.

1년에 걸친 검토 끝에 프랑스 의회는 '학교에서 휴대전화 사용을 규제'하는 법안[4]을 통과시켰다. 이 법안은 원하는 초등학교, 중학교, 고등학교에 적용된다.

---

4 초등학교, 중학교, 고등학교 내 휴대전화에 관한 2018년 법률. http://service-public.
   fr/particuliers/actualites/A12828

이렇게까지 하긴 싫지만

휴대전화 디톡스를 위한 극단적인 솔루션 :

- 자물쇠가 있는 개 목걸이를 하고 잠든다. 그러면 잠에서 깨자마자 휴대전화를 가지러 갈 수 없다.

- 휴대전화를 물속에 던져버리고 다시 사지 않는다.

- 친구나 배우자에게 암호를 다시 설정하라고 한다. 휴대전화를 쓰고 싶은 유혹이 크겠지만 암호를 세 번 잘못 입력하면 휴대전화는 영영 잠겨버린다.

- 휴대전화에 본드를 바르고 손바닥에 붙인다. 하루가 지나고 나면 **휴대전화 때문에 아무 일도 할 수 없다는 걸** 깨닫는다.

"전화기나 전화선이 발명되기 전에 새들은 어디에 앉았지?"

- 그레구아르 라크루아, 《그레구아르의 아포리즘》

"우리가 죽고 사흘이 지나도 머리카락과 손톱은 자라겠지만 전화는 더 이상 받지 못한다."

- 자니 카슨

"무선전화로 할 수 있는 일을 언젠가는 깍지콩을 가지고도 할 수 있지 않을까?"

- 필리프 글뤼크, 《흥미진진 고양이》

돈 쓰는 기계

호구! 호구! 호구!

과거에는 비디오 게임을 할 때 다음 단계로 넘어갈 때까지 많은 시간이 필요했다. 그런데 스마트폰과 온라인 경쟁이 등장한 뒤로는 게임에 보내는 시간이 훨씬 더 많아졌다. 다만 무기를 사거나 손쉽게 다음 단계로 넘어가기 위해 돈을 요구하는 게 다르다.

스마트폰은 원하면 언제든지 접속해서 게임을 할 수 있는 가능성뿐만 아니라 더 오래 게임을 하도록 언제든지 은행 계좌에 접속할 수 있는 가능성까지 제공한다.

예쁜 색깔의 알들로 전 세계를 물들이며 폭발적으로 성장한 캔디 크러쉬를 비롯해서 많은 게임의 기발한 점은, 매우 단순해서 언제 어디서든 무한정 게임을 할 수 있다는 것과 무료라는 점이다. 3주 동안 같은 판에 머물게 될 때까지는……. 처음에는 화만 난다. "하트와 롤리팝 해머를 사? 아니야, 시간 좀 벌자고 돈을 쓸 수는 없지!" 그런데 2주일 동안 '이상하게도' 이번 판은 영 깨지지가 않는다. 그 2주 동안 입술 가장자리에 분노가 떠나질 않는다. 이것보다 훨씬 어려운 단계도 깼었는데 말이다.

"뭐, 겨우 1유로니까. 특별 할인 중인 아이템 패키지 사야지. 이번 단계만 넘으면 다시 시작이야!"

걸려들었군! 역시 호구! 호구! 호구!

덫이 워낙 크고 촘촘해서 걸려드는 사람이 많다. 또 금액이 워낙 적어서 별 생각도 들지 않는다.

게임들의 전략이 이렇게 기발하다. 첫 단계는 쉽게 만들어서 게임에 중독되게 만들고, 여러 단계를 빠르게 깨게 해서 우쭐하게 만든다. 그렇게 해서 낚싯바늘에 고기가 걸려들면 계산서를 계속 들이미는 것이다.

대부분 사람들은 돈을 쓰지 않는다. 하지만 수백만 명 중 소수라도 돈을 쓰면 금세 수백만 유로가 된다.

이 책의 첫머리에서도 얘기했듯이 "누가 공짜로 뭘 준

다면 당신이 상품이라는 얘기다."라는 말을 항상 염두에
두자.

스마트폰 게임은 우리를 즐겁게 해주려고 존재하는 것
이 아니다. 게임 사업자가 수익 모델에 따라서 우리에게서
개인 정보를 빼서 되파는 데 쓰인다. 우리에게 돈뿐만 아니
라 광고 노출, 친구나 지인의 신입 회원 가입을 부추기는 스
폰서십, 제품의 노출 빈도, 미래의 고객이 될 수 있을 '친구'
네트워크를 빼내고 싶은 것이다. 또는 앱의 무료 버전으로
일단 우리를 낚은 뒤에 유료 버전을 사게 하려는 것이다.

＜ 디톡스 솔루션

나는 호구가 아니에요!

나를 즐겁게 해준다는 시스템, 그 나긋나긋한 웃음을 위해 돈
쓰는 기계가 되고 싶은가?

탑과 요새를 세우느라 매달 '게임' 예산을 마련하는 것이 정
말 그럴 만한 가치가 있을까? 그 신기루 속에서 내가 얻는 것
은 무엇인가? 현금이라도 얻는가? 헛된 약속뿐이다. 온라인
게임이라는 거대한 돈 먹는 기계에는 한 푼도 쓰지 말라. 게임
속에서 나는 왕국을 다스리는 왕도 아니고, 1478번 줄 팀의
우두머리도 아니다. 나는 그저 사기당하기 쉬운 사람, 가만히
있다가 한 푼 두 푼 돈만 빼앗기는 바보일 뿐이다.

오락실이 된 화장실

화장실 안에서는 사용자의 특성에 따라서 양상이 달라진다.

사용자 1 : 언제 걸려올지 모르는 전화를 받기 위해서 화장실에 휴대전화를 가지고 들어간다. 하지만 전화기를 사용하지는 않는다. 기기를 세면대 가장자리에 올려 두면, 어제 정신없이 먹은 라자냐 두 접시를 내려 보내는 동안 전세계가 그와 연락 가능하다.

사용자 2 : 휴대전화가 자기 몸의 일부라고 생각하기 때문에 화장실에 휴대전화를 가지고 들어간다. 그리고 쇼핑, 뉴스, 게임, 메일 확인 등에 30분 이상을 보낸다.

화장실 구석에서도 휴대전화와 태블릿이 군림한다는

것은 꽤 의아한 현상이다. 최소 15분에서 최대 1시간 동안 자신의 향기를 참아내는 것도 아주 놀랍다.

과거에는 몇 분이면 용변을 해결했는데 요즘 화장실은 그 누구의 방해도 받지 않고 휴대전화에 몰입할 수 있는 장소가 되었다.

이런 현상이 가능한 데에는 1인 가구가 늘어난 것도 한몫했다. 3~4명으로 구성된 가족만 하더라도 화장실에서 그 정도 시간을 보내면 밖에서 빨리 나오라고 아우성일 테니까.

커넥티드 스포츠

몇 개월, 아니 2년 전만 하더라도 운동을 하러 갈 때의 과정은 여섯 단계로 나뉘었다.

- 운동복을 입는다.

- 몸을 푼다.

- 운동을 한다.

- 수분을 보충한다.

- 운동 뒤 스트레칭을 한다.

- 샤워를 한다.

지금은 그 과정이 다음과 같다.

- 운동복을 입는다.

- 스마트워치를 찬다.

- 스마트워치를 스마트폰과 연동시킨다.

- 운동을 하기 전에 셀카를 찍는다.

- 운동 비스무리한 걸 한다.

- 운동이 끝나면 셀카를 찍는다.

- 최신 데이터 수집 애플리케이션으로 SNS에 모두가 감탄할 만
  한 오늘의 런닝 기록을 올린다.

이게 바로 커넥티드 스포츠다. SNS에 올라온 '운동' 결과
를 보고 있노라면, 사람들이 **과거에는 자기 자신을 위해서
운동을 했다면 요즘에는 다른 사람들을 위해서 하는 것** 같다
는 생각이 든다.

뭐가 달라진 걸까? 요즘은 운동을 하고 있는 모습을 보
여주는 것이 중요하지 운동 자체가 중요하지 않다. 행동보
다 이미지가 더 중요한 것이다.

요즘 커넥티드하게 즐기는 '운동'은 또 있다. 바로 축구
이다.

과거에 아이들은 마당, 길거리, 동네 운동장에서 축구를
했다. 운동은 무엇보다 아이의 사회성 발달에 도움을 주었
다. 그런데 지금 아이들은 같은 방에 앉아서 각자 휴대전화
를 들여다보거나, 최악의 경우에는 온라인에서 만나서 게

임을 즐긴다.

요즘은 축구공보다 축구 유니폼이 더 잘 팔린다고 한다. 과거에는 공만 있다면 어디서든지 뛰어놀았다면, 지금은 스포츠 스타가 그려진 티셔츠를 입고 집 안에서 게임만 하는 것이다.

< 디톡스 솔루션

 하고 싶은 게 정말 '운동' 맞아?

체육관에서 운동복 차림에 화장을 잔뜩 하고 땀을 한 방울도 흘리지 않은 채 셀카를 찍는 게 정말 조금이라도 유용한 일인가?

휴대전화와 연결되어 발 온도를 최적으로 조절하고 왼쪽 발목의 골밀도를 알려주는 최신 운동화를 신지 않고 조깅을 해도 손가락질받지 않을 수 있을까?

페이스북에 러닝 시간과 거리를 조작해 올려서 운동 친구들과 '누가 누가 더 잘났나' 놀이를 정말 해야 하나?

'진정한' 커넥티드 운동 마니아가 갖춘 기기 일체의 가격이 얼마인지 알게 되면 그냥 이불 밑에 누워 있고 싶은 생각밖에 나지 않는다.

생일에 치이다

아주 가까운 지인과 부모를 제외하면 생일날 누가 아직도 축하 전화를 하는가?

아무도 없다. 페이스북 페이지에 생일 축하 이모티콘을 올리는 게 훨씬 편하기 때문이다.

생일을 축하하는 방법이 어떻게 변해왔는지 과거와 현재를 비교해보자.

- 우편으로 축하 카드를 받는다.
- 웃기지만 아주 정겨운 생일 축하 노래를 불러주는 친구들의 전화를 받는다.
- 생일을 기억한 가까운 지인들이 이메일로 보낸 축하 카드를 받는다.

- 일정 관리 앱에 내 생일을 저장해둔 사람에게서 축하 SMS를 받는다.

- 그날의 모든 생일을 자동 알림 받은 사람들이 페이스북 월에 포스트를 올린다. 그 사람들 중에는 내가 아는 사람보다 모르는 사람이 더 많다. 생일을 축하하기 위해서 돈을 넣을 수 있는 저금통 옵션이 추가되어 있어서 귀찮게 생일 선물을 사러 가지 않아도 된다.

이처럼 '올 커넥티드all connected'는 우리를 서로 멀어지게만 한다. 생일을 축하하는 방식도 예외가 아니다.

우리는 모든 사람의 생일을 쌓아 놓았다. **인터넷상의 모르는 사람이든 가장 가까운 사람이든 우리는 그들을 다 똑같이 대한다.** 나는 이 사람들에게 차이를 두어야 한다고 생각한다. 분류를 해야 한다.

"생일 축하해, ○○야!"

우리가 사랑하는 사람의 생일이 우리에게 정말로 중요한 날이 될 수 있도록 종이 다이어리로 돌아갈 것을 권한다. 해가 바뀌면 우리에게 정말 중요한 그들의 생일을 새 다이어리에 옮겨 쓸 수 있다. 새로운 사람을 만나고 알던 사람과 멀어지면서 별로 중요하지 않게 된 사람들은 자연스럽게 사라질 것이다. 이 방법은 꽤 효율적이다. 휴대전화에 깔린 디지털 다이어리를 쓰고 페이스북에서 자동 알림이 표시되는 요즘, 우리는 사람들의 생일에 그야말로 치이고 있다. 게다가 대부분은 알 필요도 없는 생일이다.

우리의 목표는 어떻게든 우리에게 정말 의미가 있는 사람들의 생일만 남길 수 있는 매체를 찾는 것이다. 그렇게 하는 목적도 하나다. 시간을 내서 생일을 맞이한 사람들에게 전화를 걸고, 꽃을 보내고, 직접 만나고, 펜을 들어 예쁜 카드를 쓰기 위해서이다.

낮잠, 멍 때리기, 휴식

낮잠. 지쳐 쓰러질 것 같을 때, 또는 체리나무 그늘 밑에서 맛있는 식사를 즐긴 후 잠이 밀려올 때, 달콤한 낮잠보다 더 기분 좋은 게 있을까. 온몸의 긴장을 풀고 눈꺼풀이 자연스럽게 무거워지면 꿈의 신 모르페우스의 품에 안긴다. 그때 갑자기 부르르! 전화가 오거나 SMS, 혹은 또 다른 유해한 가상의 메시지가 귀 따가운 벨소리와 함께 우리의 삶을 오염시킨다. 누구나 한번쯤 이런 경험을 했을 것이다.

잠에 빠져드는 달콤한 순간을 방해할 가치가 있는 그 무언가를 확인하기 위해 몽롱한 상태에서 억지로 눈을 뜨는 것은 얼마나 불쾌한 느낌인가. 게다가 그 무언가는 막상 아무것도 아니고 때로는 바보 같은 메시지일 뿐이다. 이런 일이 벌어질 때마다 나는 휴대전화를 끄지 않은 내 자신을 원망한다. **나를 제외한 세상 사람들이 그 순간에 나에게 휴식이 필요하다는 것을 알 수는 없다.** 하지만 우리 자신은 그렇다는 것을 알지 않나! 결국 낮잠을 잘 자고 방해받지 않으리라는 걸 확신한 상태에서 **무위도식의 순간을 만끽하는 것은 우리의 책임이다.**

〈 디톡스 솔루션

연결 가능 시간

비행기 모드 설정이 낮잠을 구할 수 있지만 예를 들어 메신저나 부재 중 메시지에 통화 가능 시간을 알리는 것도 방법이다. 처음에는 친구나 동료들이 놀랄 수도 있겠지만 일할 때와 마찬가지로 휴식과 긴장 풀기 시간이 필요하다면 그것은 몸에 배게 할 새로운 규칙, 새로운 습관일 뿐이다.

〈 휴대전화가 가진 몇 가지 장점

"전화는 놀라운 발명품이다. 상대방과 얘기하면서 마실 것을 권하지 않아도 된다."
- 프란 레보비츠

"상대방의 고약한 입 냄새를 피하는 방법은 딱 하나, 바로 휴대전화다!"
- 미셸 크레스티엥

물리치료사의 행복

개를 산책시키다가, 유모차를 끌고 가다가, 출근하다가, 카페테라스에서 최신 뉴스 얘기를 하다가 찾아오는 '스마트폰에 의한 목 염증'이라고도 부를 수 있을 목 통증 증후군이 정골의사와 물리치료사들에게는 행복이다. 우리는 하루의 절반 정도를 고개를 숙여 휴대전화 화면을 바라보지 않는가.

컴퓨터 앞에 앉은 자세도 이 질환에서는 그리 유리하지 않다. 전문가들 사이에 '거북목 증후군'으로 알려진 이 새로운 질병은 목, 어깨, 상부 등에 심한 통증을 유발한다.

성인의 머리가 4.5~5.5킬로그램 정도 나가기 때문에 휴대전화를 보느라 머리를 앞으로 기울인 자세로 장시간 버티면 척추와 상부 등에 가해지는 압력이 골격과 근육, 그로 인한 근육 수축에 직접적인 영향을 미친다.

목 깁스를 피하고 싶다면

의학적인 관점에서 이런 통증을 피하고 싶을 때 가능한 방법
은 단 하나이다. 머리를 어깨선과 나란히 유지하고 가능한 바
른 자세를 취하는 것이다. 특히 컴퓨터 앞에 앉아 있을 때 이
런 자세가 필요하다. 그리고 휴대전화를 계속해서 들여다보
는 시간을 줄여야 한다.

그 안에 내 인생이 다 들어 있다고요!

방금 휴대전화를 물에 빠트렸거나 땅에 떨어뜨려 깨트린 사람은 세상이 끝난 것처럼 절망할 것이다.

"그 안에 내 인생이 다 들어 있다고요!" 마치 지구라도 멸망한 것처럼 충격에 휩싸인 사람의 입에서 나올 법한 말이다.

이것은 스마트폰에 자신의 모든 시간을 쏟아붓는 것만큼이나 나쁜 스마트폰의 부정적인 면이다. 스마트폰은 개인 연락처, 직장과 관련된 연락처, 친구들 사진, 가장 아름다웠던 순간을 담은 사진 등 모든 것을 저장해놓는 물건이 되었기 때문이다. 그런데 **1초도 안 되어 모든 것이 연기처럼 사라진다.**

컴퓨터와 연동시켜 저장하면 되지 않느냐고 묻는 사람들이 있을 것이다. 물론 그렇다. 하지만 스마트폰 사용이 컴퓨터 사용을 앞지른 요즘, 누가 그런 것에 신경 쓰는가? 클라우드가 우리를 구할 수도 있지만 '최대 재수 없음의 법칙'에 따라서 스마트폰의 데이터를 모두 잃는 날은 28주 동안 클라우드에 한 번도 저장을 하지 않았던 것을 깨닫는 날이다.

우리가 스마트폰을 사용하고 거기에 중독되면서 이 기기는 우리의 일부가 되었다. 모든 것이 스마트폰 안에 들어 있게 된 것이다.

하지만 그 장치는 매우 약하기 때문에 우리도 한계를 그을 필요가 있다.

〈 디록스 솔루션

 휴대전화가 깨졌을 때 평정심 잃지 않기

휴대전화가 깨졌을 때 모든 걸 잃었다며 충격에 빠지는 일을 피하려면 두 가지 방법 중 하나를 선택해야 한다. 우선 휴대전화에 중요한 걸 담지 않는다. 모든 데이터를 저장하는 유일한 기기로 휴대전화를 사용하지 않는다. 또는 클라우드에 데이터를 매일 자동 저장하는 기능을 켜두거나 집에 들어가자마자 와이파이로 데이터를 자동 연동시킨다.

알림 공해

휴대전화는 멀리 떨어져 있는 사람을 가깝게 만들고 가까운 사람을 멀리하게 만든다. **우리는 화면에 있는 사람과 없는 사람을 점점 더 차별한다.**

옆에 앉아 있는 사람과 멀어지게 만드는 이런 모순적인 상황에서 어떻게 옆 사람과 다시 연결될 수 있을까? 페이스타임의 영상 통화도 기대와 달리 실패작이었다. 상대방이 아무리 멀리 있어도 그의 얼굴을 직접 보는 일에는 관심이 없기 때문이다. 중요한 것은 먼 거리에서 연결되어 있는 상태뿐이다.

쉴 새 없이 들어오는 알림 메시지에 휩쓸리지 않기란 어려운 일이다. 대화 도중 잠깐 말이 끊긴 사이에 휴대전화를 들여다보지 않기도 쉽지 않다. 누군가와 함께 있을 때 벌어지는 이런 불쾌한 현상에 영국인들은 퍼빙phubbing이라는 이름까지 붙였다. '전화기'를 뜻하는 'phone'과 '무시'를 뜻하는 'snubbing'이 결합된 말이다. 전화기를 매개로 속물근성을 드러내는 사람의 태도를 나타낸다.

 디톡스 솔루션

 필요 없는 알림은 꺼두자!

누군가와 함께 있을 때 쉴 새 없이 들어오는 알림 메시지 때문에 방해받는 일이 없고 퍼빙을 하지 않도록 필요 없는 것은 없앤다. 시간은 많이 잡아먹으면서 우리의 행복에는 아무 짝에도 쓸모없는 것으로부터 조금씩 멀어지자. 그러기 위해서 페이스북, 인스타그램, 링크드인, 비아데오, 스냅챗, 핀터레스트 등 급하지 않은 알림은 모두 끈다. SMS나 전화 알림 정도만 켜두자.

이런 시간에 만났다면

원래 수다를 많이 떠는 나는 통화를 하면서 집 구석구석을 돌아다니며 몇 시간을 보낸 적이 있다. 아무것도 아닌 것 같지만 두 시간 동안 몇 킬로미터는 걸었고 귀에서는 불이 났다.

수백 킬로미터 떨어진 곳에 사는 친구와 통화하는 것도 아닌데 이렇게 오랫동안 전화기에 귀를 대고 있는 게 무슨 소용이야? 겨우 10킬로미터 밖에 사는 친구와 긴 통화를 한 끝에 내린 결론이다.

이 또한 버려야 할 습관이라는 생각이 들었다. 사실 그 친구나 내가 전화를 빨리 끊고 차라리 그 두 시간 동안 만나서 대화를 나눴다면 훨씬 더 좋은 시간을 보낼 수 있었을 것이다.

그래서 요즘은 통화가 길어질 것 같으면 아예 만나자고 한다. 그럴 시간도 마음도 있으니까 말이다.

< 디톡스 솔루션

 만남이 통화보다 백 배 낫다

다음 날 만날 친구와 두 시간씩 통화하는 일이 정말 필요한가? 또 커플에게는?

통화를 할 때 누구나 말이 많아질 수 있다. 나도 마찬가지다. 아무튼 상대방을 만나서 두 시간 동안 술 한 잔 기울이며 대화를 나누는 것이 전화기에 매달려 있는 것보다 훨씬 기분 좋은 일이다.

< 이해가 안 돼

 "나는 왜 사람들이 전화에 대고 '다시 보자'라고 인사하는지 도무지 이해할 수 없었다."
- 알베르 발테르츠

"어떻게 전화기도 없는 신을 믿겠는가?"
- 자크 스테른베르그

그러다 진짜 죽어!

여섯 개의 유럽 도시에서 수행된 최근 연구 결과[5]에 따르면 교통사고 사망자의 22퍼센트가 보행자이다. 보행자 교통사고의 절반은 사고 당시 휴대전화를 쓰느라 주의를 기울이지 못한 것이 원인이었다.

이런 사고가 증가하자 각국은 사망자의 수를 줄이기 위해 방법을 찾기 시작했다.

독일의 아우크스부르크시는 스마트폰을 사용하는 보행자가 볼 수 있도록 땅에 신호등을 설치했다. 미국의 뉴저지주는 보행자의 스마트폰 사용 금지가 가장 간단한 해결책

---

5 독일의 자동차 관련 인증 기관인 데크라(Dekra)의 교통사고 연구자들이 수행한 연구.

이라고 보고 이를 위반할 시 벌금 50달

러를 매기는 방법을 검토 중이다.

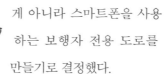

　그런가 하면 중국 충칭시는 나쁜 습관을 고치는

게 아니라 스마트폰을 사용

하는 보행자 전용 도로를

만들기로 결정했다.

　보행자의 사망률이 치솟고 있다. 이들은 요즘

'스몹비'ㆍ스마트폰'과 '좀비'의 합성어ㆍ라 불린다. 스마트폰 중

독이 낳은 직접적인 폐해가 아닐 수 없다.

‹ 디톡스 솔루션

😊 걸을 때에는 길을 보자

거리를 걸으면서 휴대전화를 사용하는 것은 매우 위험한 일
이 틀림없다. 예를 들어 자동차들이 횡단보도 앞에서 잘 멈추
지 않고 스쿠터와 자전거가—예의범절은 말할 것도 없고—기
본적인 안전 규정을 어기고 횡단보도와 보행로로 마구 들어
오는 파리에서 보행자들의 상황은 이미 위험하다. 이제는 버
스 전용 노선과 자전거 전용 도로 옆에 'SMS를 보내는 보행
자' 전용 도로를 만드는 것으로는 부족하다. 지금까지 말한 이
유로도 납득이 되지 않는다면, 이제는 그저 목숨을 부지하고
싶다는 마음으로라도 길을 다닐 때에는 휴대전화를 주머니에
넣어야 한다고 말하고 싶다.

혼밥

약속을 기다리다가 정오가 지나서 혼자 점심을 먹어야 할 때가 있다. 동료들이 없는 곳에서 혼자 밥을 먹는 사람들이 가장 많이 보이는 무의식적 행동은 밥을 먹으면서 페이스북의 타임라인이나 다른 SNS의 업데이트를 확인하는 것이다.

달리 뭘 할 수 있느냐고 물을지도 모르겠다. 하지만 얼마 전까지만 해도 똑같은 밥을 먹지 않았는가? 사실 인터넷에 연결된 스마트폰은 출현한 지 얼마 되지도 않았다. 약 10년 전에 우리는 혼밥을 하면서 무엇을 했던가?

많은 일을 했다. 하지만 **아무것도 하지 않은 때도 많았다.**

과거에는 맛있는 메뉴를 골라서 한껏 음미하면서 먹었

다면, 지금은 혀가 소박한 즐거움도 느끼지도 못할 정도로 허겁지겁 밥을 먹는다.

예전에는 주변을 돌아보고, 가끔 옆 사람과 눈이 마주치면 웃으며 인사를 하고, 공상에 빠진 채 지나가는 사람들을 바라보기도 했다. 생각에 잠기고, 뭔가에 골똘히 빠져들고, 시간을 들여 즐겁게 삶을 즐기듯 특히 식도락의 휴식을 즐기며 음식을 천천히 음미했다. 현재를 충실하게 누리는 시간을 가졌던 것이다.

얼마 전 라디오 방송 인터뷰에 가는 길에 이처럼 감미로운 삶의 휴식을 즐긴 적이 있다. 나는 시간을 들여 방송국 근처에 있는 식당을 골랐고, 시간을 들여 테이블을 고르고, 시간을 들여 좋아하는 음식 중 한 가지를 배불리 먹고 좋은 와인을 즐겼다.

인터뷰를 앞두고 약간 긴장했기 때문에 여유를 가지고 나에게 집중한 것이 매우 유익했다. 스마트폰으로 도망가서 스트레스를 풀 미봉책을 찾지 않았다.

< 디톡스 솔루션

뜻밖의 것을 찾아라

휴대전화를 보면서 잠시도 쉬지 않고 정신을 쓰게 하려는 참을 수 없는 욕구 뒤에 사실 다른 것이 숨어 있는 게 아닐까? 채우지 못한 빈 시간과 지루함에 대한 두려움이 사실은 과거에는 가꾸고 있었지만 지금은 잊어버린 진정한 작은 행복의 시간을 숨기고 있다면?

일하면서
연결을 끊을 권리

제정신이 아니고서야 재택근무와 인터넷 연결을 끊을 권리를 동시에 요구할 수 있을까? 이것은 내가 스마트폰의 과도한 사용과 연결을 끊어야 할 절실한 필요성을 두고 떠올린 질문이다.

답은 '그렇다'이다. 우리는 두 가지를 다 요구할 수 있다. 다만 시간을 따로 정해야 한다.

재택근무 시간의 효율성은 납득할 수 있는 논리이지만, 그 시간이 기업이 필요로 하는 업무 시간과 맞지 않으면 인터넷 연결을 끊겠다는 주장을 하기 힘들다.

나는 이 문제가 재택근무 분야에서 중요하게 다루어져야 한다고 생각한다. 재택근무를 가능하게 하면서 근로자

뿐 아니라 기업도 모든 장점을 누려야 하며 그와 동시에 연결을 끊을 권리를 보장해야 한다. 주말을 포함해서 언제든지 전화를 받고 일해야 하는 것 때문에 많은 이들이 신경증을 호소하고 있기 때문이다.

유기농 네트워크

과거에는 이동할 때 배터리 막대기가 최대한 많이 잡히는 장소를 찾고는 했다. 또 네트워크에 연결되고 호텔에서도 와이파이에 접속할 수 있도록 비용을 지불했다. 그런데 지금은 연결이 되지 않기 위해서 돈을 내야 하는 새로운 현상이 나타나기 시작했다.

연결을 끊기 위해 돈을 내다니 정말 어처구니가 없다. 그러나 이런 서비스를 제공하는 숙박 시설이나 휴양 시설이 늘어나고 있는 것이 사실이다.

이런 '평화의 항구'에 관하여 가장 먼저 떠오르는 질문은 다음과 같다. "그런 시설을 어떻게 찾지? 기본적으로 네트워크가 없으니 예약 사이트도 없고, 구글이나 관광 안내 사이트에도 나오지 않을 텐데?"

잠깐 검색을 해보니 네트워크가 없는 인증 시설을 안내하는 '친환경' 사이트 몇 개가 나타났다. 문제는 관광객들의 눈에 띄고 그들이 찾을 수 있도록 그런 시설들도 다 인터넷 사이트를 개설했다는 것이다.

그런 곳에서는 혹시 유기농 네트워크를 파는 게 아닐까?

⟨ 디톡스 솔루션   💬

 '요요' 없는 off를 위해서

안테나에서 송출되는 전자파에 지극히 민감한 사람들이 있다. 그들은 이런 휴양 시설에서 안전한 장소를 찾을 수 있다.

하지만 나머지 사람들에게 이 현상은 그저 유행일 뿐이라는 생각이다. 휴가 기간에만 네트워크의 '비건'이 되는 것과 휴대 전화 사용을 매일 절제하는 새로운 습관을 들이는 것 중 무엇이 더 합리적일까?

운전 셀카

그것은 더 이상 비밀이 아니다. 이제 그것을 모르는 사람은 아무도 없을 것이다. 바로 운전 시 휴대전화 사용이 위험하다는 사실이다. 운전자뿐 아니라 동승객 그리고 도로 위에 있는 주변 사람들에게도 위험하다.

이 책에서 언급된 우스꽝스럽고도 위험한 수많은 상황 속에서 스스로 휴대전화를 끊는 행동이 여러 모로 생명을 구하는 행위임을 인지해서 그것을 강요하기 위한 새로운 법을 만들 필요가 없어지기를 바란다.

리옹시 운전자들에 대한 놀라운 통계[6]에 따르면, 리옹시

---

[6] 프랑스 뱅시 오토루트(Vinci autoroutes) 재단이 제7차 책임감 있는 운전 바로미터 발표를 위해 수행한 연구.

여성 운전자의 79퍼센트가 운전을 하면서 SMS를 보내거나 셀카를 찍는다. 남성 운전자에게서는 이 수치가 44퍼센트에 그친다. 남성이 여성에 비해 셀카를 꺼리는 것은 사실이지만 조사 당시 거짓말을 한 사람은 남자가 더 많았다.

운전할 때 통화를 못하도록 금지시켜놨더니 이제는 셀카를 찍는다. **법을 만들면 모든 게 변하지만 결국 변하는 건 하나도 없는 셈이다.**

< 디톡스 솔루션

잠시만 나 홀로

운전 시 휴대전화를 사용하지 않는 것은 단지 위험을 막을 뿐 아니라 나에게 생각할 시간이 생기는 것이다. 울리는 벨소리도 없고 생각을 방해하는 사람도 없이 오롯이 혼자 조용히 보낼 시간을 얻는 것.

우릴 믿었다면
미안해요

"그러므로 너희는 그들이 하는 말을 무엇이든 행하고 지키라. 그러나 그들의 행동은 본받지 말라."

실리콘 밸리의 가장 영향력 있는 기업들이 스크린과 휴대전화에 대하여 갖고 있는 생각을 한마디로 요약하면 이렇다.

거대 기업들은 청소년, 더 나아가 어린이들에게까지 자신들이 생산하는 스마트폰, 태블릿, SNS의 사용 및 소비 습관을 심으려고 호시탐탐 노리고 있다. 그러니 빌 게이츠가 이런 말을 하는 게 놀랍다. "우리 집에서는 밥을 먹을 때 식탁에 휴대전화를 가져오지 못합니다. 우리는 아이들이 친구들은 다 가지고 있다고 불평을 해도 열네 살이 되기 전에 휴대전화를 사주지 않았습니다." 빌 게이츠는 아이들이 집에서 컴퓨터 쓰는 시간도 엄격히 제한한다고 한다.

스티브 잡스는 어느 날 그의 자녀들도 아이패드의 팬이냐고 묻는 〈뉴욕 타임스〉 기자에게 이렇게 대답했다. "아이패드를 써본 적이 없어요. …… 아이들이 집에서 쓸 수 있는 첨단 기술을 제한하고 있습니다." 스티브 잡스의 전기를 쓴 월터 아이작슨Walter Isaacson은 이렇게 덧붙였다. "스티브는 저녁을 부엌에 있는 긴 테이블에서 먹으면서 책과 역사에 대해서 토론할 것을 고집했다. …… 그 자리에서 아이패드나 노트북을 꺼내는 사람은 없었다. 아이들은 그런 기기에 중독된 것처럼 보이지 않았다."

페이스북에서 구독자 수를 증가시키는 임무를 맡았던 전 부사장 차마스 팔리하피티야Chamath Palihapitiya는 자녀들에게 이런 '너절한 걸' 사용하는 것을 완전히 금지했다고 한다〈더 버지〉. 그는 〈쿼츠〉에서 이런 SNS가 "사람들 행동의 펀더멘탈을 해친다. …… **나는 우리가 사회 조직망을 찢는 기기를 만들었다고 생각한다.**"라고 말했다.

3DR의 최고경영자 크리스 앤더슨Chris Anderson은 〈뉴욕 타임스〉와의 인터뷰에서 이렇게 털어놓았다. "우리 아이들

은 제 아내와 저를 최첨단 기술을 지나치게 걱정하는 파시스트라고 비난합니다. 친구들 중에는 그런 규칙을 가진 아이가 아무도 없다면서요. …… 그건 우리가 기술의 위험을 직접적으로 목격했기 때문일 겁니다. 저도 저한테 일어난 일을 목격했기 때문에 아이들에게는 같은 일이 벌어지지 않았으면 해요."

구글의 임원인 앨런 이글Alan Eagle도 마찬가지이다. "앱이나 아이패드가 아이들에게 읽는 법이나 수학을 더 잘 가르칠 수 있다는 생각은 엉터리입니다."

이처럼 실리콘 밸리의 유명한 개발자 겸 조언자들은 자녀를 실리콘 밸리에 있는 명문 페닌슐라 발도르프 학교에 보내기를 꺼리지 않는다. 이 학교에서는 인터넷 접속이 아예 불가능하고, 스크린이라고는 찾아볼 수 없으며, 책, 도표, 볼펜, 종이만이 학습의 왕으로 군림하고 있다. 증명 끝!

전화 대신 권총

휴대전화는 우리의 생명에 진짜 악영향을 미칠 수 있으며 죽음의 물건이 될 수도 있다. 〈히코리 데일리 레코드〉의 보도에 따르면 마흔일곱 살의 켄 찰스 바거Ken Charles Barger에게 그런 일이 일어났다. 미국 노스캐롤라이나주의 뉴튼 시에 살던 그는 그날도 평소처럼 집에서 편안히 자고 있었다. 그런데 갑자기 침대맡에 둔 휴대전화가 울리기 시작했다.

전화기를 잡으려던 그는 그 대신 권총을 집어 들었다. 스미스 웨슨 스페셜 38구경. 총을 귀에 갖다 댄 그는 반사적으로 총을 쐈다.

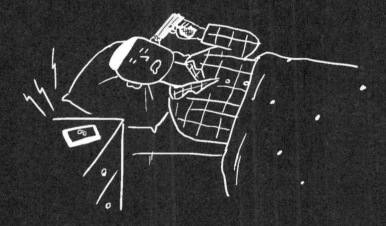

 바람직한 반사 행동

이런 '사고'를 피하려면 집에 권총을 두지 않는 게 최선이다.

데이트 앱의 딜레마

데이트 사이트 및 애플리케이션의 광고와 사용자가 증가하면서 이런 사이트를 거치는 것이 연인을 만날 수 있는 새로운 규범이 되었다.

그러다 보니 데이트 앱을 거치지 않으면 소울 메이트를 만나기란 거의 불가능하다고 생각하는 게 일반적이다. 하지만 이것은 데이트 산업의 멋진 사기에 불과하다. 실제로 프랑스 국립인구연구소(INED)의 최근 조사에 따르면 안정적인 커플 중 데이트 사이트를 통해서 짝을 찾은 커플은 9퍼센트 미만이었다.

데이트 사이트와 앱에서 성사되는 만남은 많지만 관계가 오래 가지 않아서 사람들이 애타게 찾는 진정한 사랑으

로 연결되는 경우는 드물다. 섹스는 넘쳐나지만 진정한 사랑의 감정은 가뭄에 콩 나듯 한다.

그럼에도 불구하고 데이트 앱으로 만남을 갖고 인연을 시험하는 사람들이 많다. 새로운 커플이 맺어졌을 때 그들에게 위험이 되는 것은 데이트 앱 그 자체이다. 짝을 만나고도 탈퇴하지 않는 경우가 많아서 하트 알림을 계속해서 받고 프로필에도 '좋아요'가 추가되기 때문이다. 옆에는 새로운 연인이 앉아 있으니 어떤 문제가 일어날지 빤하지 않은가.

사실 방금 사귀기로 한 사람이 여전히 앱에 가입해 있다면 어떻게 신뢰 관계를 맺을 수 있을까? 그는 나보다 더 나은 사람을 찾는 것일까? 그걸 누가 알겠는가. 시작하는 단계의 연인에게 앱이 미치는 파괴적인 영향은 절대적이다.

데이트 앱을 탈퇴하지 않고 활동 중지 상태로 설정해 놓은 사람은 새로운 관계를 시험할 시간을 벌려는 것이다. 3주 뒤에 친한 친구가 네 남자친구 프로필이 아직 남아 있더라고 알려준다면…… 문제가 시작될 것이다.

> ‹ **디톡스 솔루션**
>
> **앱, 사랑하니까 떠날게!**
>
> 사랑하는가? 사랑하지 않는가? 결국 던져야 할 질문은 이것뿐이다. 사랑한다면 방금 사귀기 시작한 커플에게 문제만 일으킬 뿐인 데이트 앱을 왜 지우지 않은 걸까?

새벽에 걸려온 전화

휴대전화 중독과 관련해서 내가 했던 가장 바보 같은 짓은 새벽 두 시 반에 울리는 전화를 받은 것이었다.

수화기 너머로는 친구들의 목소리가 들렸다.

"야, 스테판! 지난번에 너희 집에서 들었던 노래 뭐지? 밤 바라바밤, 이렇게 하는 거."

"프랑크, 지금 새벽 두 시야. 무슨 큰일 난 줄 알았잖아."

"무슨! 걱정 마. 사빈이 너 이 시간에 안 잔다고 그러던걸."

"잠깐, 제목 알려줄게, 기다려."

나는 그에게 곡명을 알려주었다. 그때 바로 전화를 끊지 않은 건 더 바보 같은 짓이었을까?

늦은 시간에 걸려온 전화 때문에 나는 몇 초 동안 심각한 사고나 누가 죽었다는 소식일까봐 걱정했었다.

몇 주 뒤에 친구들을 다시 만났을 때 나는 앞으로는 급한 일이 아니면 그런 장난 같은 일로 한밤중에 전화를 하지 말아달라고 간곡히 부탁했다. 그랬더니 친구들이 뭐라고 한 줄 아나?

"야, 그만해. 과장 좀 하지 마. 너 어쨌든 그 시간에 안 자고 있었잖아."

아무 때나 휴대전화를 사용해서 유발되는 무례함이 오히려 모든 것을 허용하도록 만든 것 같다. 친구를 막 대하고 사과도 하지 않게 말이다.

차단하라

우리는 처음 만난 사람에게 선불리 연락처를 남기곤 한다. 그 사람이 성격이 지독하다거나 큰 문제가 있으리라고는 의심하지 않는다.

하지만 스마트폰은 남을 조정하려는 사람, 감당하기 힘든 사람, 우울한 사람, 정신적으로 남을 지배하려는 사람, 자기애가 강한 사람들과 만났을 때 괴롭힘의 도구로 변질될 위험이 있다. 이상한 사람의 유형은 많지만 결과는 항상 똑같다. 그들은 끊임없이 메시지를 보낸다. 거기에 거리를 두고 대답하면 그다음 메시지가 부메랑처럼 빠르고 강하게 도착한다.

이런 가해자들의 공통적인 문제는 남을 조정하려는 것

과 언어폭력이다. 그리고 무엇보다 그들은 두려움을 갖고 있다. 화면 뒤에 숨은 그들은 아마 직접 면전에 대고는 한마디도 못할 것이다.

얘기를 나누거나 설득하는 건 소용없다. 그들은 우리를 놔주지 않을 것이다. 우리의 일상과 삶 전체를 망가뜨리면서 살아 있음을 느끼는 게 그들의 유일한 목적이다. 그들에게 답장을 하면 그 말 한마디 한마디가 그들을 자극하고 우리를 속박하려는 마음을 더 강화할 뿐이다. 이런 지독한 정신적 고문에는 한 가지 해결책밖에 없다. 바로 침묵하는 것이다.

침묵은 괴롭힘을 막을 수 있는 유일한 방패이다. 당하고 살면 안 된다. 답장도 절대 하면 안 되고 가해자의 번호를 차단해야 한다. 통제 불가능한 상황까지 가면 경찰서에 가서 신고해야 한다. 그것은 부끄러운 일이 아니다.

얼마 전 만난 경찰 친구에 따르면, 욕설이나 노출 사진 등 SMS나 SNS로 괴롭힘을 당했다는 신고가 전체의 50퍼센트를 차지한다. 드문 현상이 아니라는 증거이다.

휴대전화를 무기로 쓴다는 것 자체가 사회에서 소외되어 나쁜 방향으로 흘러가기 시작했다는 증거이다.

상종 못할 사람들은 아웃!

전화번호부에서 해롭거나 상종 못할 사람들의 전화번호를 모두 수신 차단하라. "그래도 그 사람이 전화하면 누구인지 아니까 안 받으면 되잖아."라고 말할 수도 있겠다. 하지만 내 삶에서 꺼져주길 바라는 사람의 이름이 휴대전화 화면에 나타나는 순간 이미 피해를 입은 것이다. 혼자 기분 나빠지게 된다. 그럴 바에야 그런 사람들의 번호를 차단하는 게 더 낫다. 이는 SNS에도 똑같이 적용된다.

가정 내 안전사고

3G가 보급되었을 때 가장 신이 난 건 아이들이었다. 이는 미국의 한 도시에서 수행된 한 연구[7]로 드러난 사실이다. 3G가 보급되자 5세 미만의 어린이에게 발생한 가정 내 안전사고가 10퍼센트나 증가한 것이다.

언뜻 보면 왜 두 사실을 연관시키나 하겠지만 스마트폰으로 인터넷과 SNS에 접속하는 것이 가능해지자 어른들이 부주의해져서 보호가 필요한 아이들에게 일어나는 안전사고에 직접적인 영향을 준 것으로 보인다.

---

[7] 크레이그 패션(Craig Passion), 〈스마트폰과 아동 부상(That Smarts! Smartphones and Child Injuries)〉, 예일대학교 경제학과, 2014년 10월 7일.

고도를 기다리며

사무엘 베케트Samuel Beckett의 유명한 희곡 〈고도를 기다리며〉에는 그렇게 기다리던 고도가 한 번도 등장하지 않는다.

이런 상황을 우리도 일상생활에서 매우 자주 접한다. 우리는 종종 술집, 나이트클럽, 칵테일파티, 강연회 등 공공장소에서 누군가를 기다릴 때 그 많은 사람들 속에서 나 혼자라고 느낀다. 왠지 외톨이가 된 듯한 느낌, 그리고 사람들이 모두 나만 바라보는 것 같다는 느낌이 든다.

이럴 때 마음을 조금이나마 진정시키기 위해 뭔가 심각한 표정으로 휴대전화를 들여다보는 것은 분명한 탈출구가 된다. 혼자 기다리는 상황에서 느낄 수 있는 불편함을

덜어주는 구멍 튜브인 셈이다.

하지만 이것은 어리석은 비상구이다. **사람들은 우리가 혼자라는 사실에 아무런 관심이 없기 때문이다.** 휴대전화에 빠져 있으면 오히려 역효과가 날 수 있다. 누군가가 다가올 수 있는 가능성과 더 멀어지는 행동이기 때문이다.

얼음벽을 깨고 모르는 사람에게 스스럼없이 다가가는 일이 항상 쉬운 것은 아니다. 그러니 스마트폰으로 열심히 '일하는 중'인 당신을 방해한다는 생각이 들면 사람들은 백 퍼센트 당신에게 다가가지 않을 것이다.

공적으로든 사적으로든 새로운 만남을 마다할 이유가 뭔가? 왜 폐쇄적인 태도를 취해서 '아름다운 만남'을 놓치는가? '체면을 구기지 않으려고' 그랬겠지만 사실은 작은 화면 뒤에 숨어서 우리의 모든 것을 감춰버린 것이다.

< 디톡스 솔루션

가까이 다가가고 싶은 사람이 되자

체면만 생각하지 말고 삶을 즐기고 새로운 만남을 가져보면 어떨까?

애플리케이션 대청소

53

〰️

    10년 전만 하더라도 수백 개에 불과했던 스마트폰 애플리케이션은 현재 수백억 개가 넘는다. 우리는 애플리케이션을 마치 귀한 보물처럼 다운로드해서 소중히 쌓아 놓았다. 그것이 창피하지도 않다. 무엇보다 전부 무료이기 때문이다.

    하지만 그중 정말 유용한 애플리케이션은 몇 개나 되나? 내가 정말 필요로 하는 것, 나에게 정말 도움이 되는 것은 몇 개나 있나?

    20개? 40개? 60개? 이것도 이미 많다. 애플리케이션이 매우 유용한 건 사실이지만 스마트폰을 직접 확인해보라. 쓸데없는 애플리케이션이 몇 개나 되나? 다운로드를 받아

놓고 한 번도 열어본 적도 없는 애플리케이션은? 스마트폰 화면은 몇 장이나 되나? 카테고리는?

메모리가 점점 더 빨리 차니까 쓸데없는 앱이 가득한 난장판을 이제 한 번쯤 정리를 해야 할 때이다.

물론 정말 필요한 애플리케이션도 있지만 필요를 만들어내는 것들도 있다. 그런 앱까지 사용하면 그만큼 시간을 써버리는 것이다.

앱 개발 초기에도 무용한 애플리케이션이 개발된 것이 사실이다. 현재 다운로드 가능한 앱 중에서 그저 복사본에 불과한 앱이나 아예 황당한 앱 등을 골라 4분의 3을 없애버리면 애플리케이션의 유용성 비슷한 것이라도 되찾지 않을까.

〈 디톡스 솔루션

앱의 정글 개간하기

스마트폰 대청소를 해서 애플리케이션을 대거 삭제하면 그만큼 필요 없는 알림 메시지도 줄어들고, 메모리 여유도 생기며, 그런 앱들을 사용하느라 버리는 시간도 줄어든다.

알람시계를 되찾자

알람시계가 처음 나왔을 때 사람들의 생활에는 많은 변화가 일어났다. 그런데 우리의 스마트폰은 이번에도 역시 대식세포처럼 알람시계를 잡아먹고 그것을 애플리케이션에 집어넣었다. 하지만 알람 앱은 집이 아닌 곳에서는 유용하지만 편안한 자기 침대에 누워 있을 때에는 완전한 무용지물이다.

요즘 우리는 이사라도 해서 알람시계를 버리면 더 이상 필요할 것 같지 않아 새 시계를 사지 않는다. 하지만 조용하고 누구에게도 방해받지 않아야 할 침실에서 알림 메시지, 진동, 밝은 스마트폰 빛이 계속해서 수면을 방해한다.

이는 스마트폰이 우리에게 선사한 최고의 선물은 분명

아니다. 나는 조금씩 소리가 커지는 라디오 알람을 들으며 천천히 잠에서 깨던 걸 좋아했다. **그런 아침을 기억하는가?**

〈 디톡스 솔루션

알람 소리

밤이 되면 거실에 스마트폰을 두고 자자. 라디오 알람시계의 즐거움을 되찾기 위해서.

휴대전화 디톡스에도 좋고 수면을 방해하는 전자파도 피할 수 있어서 건강에도 좋다.

대용량의 사랑

만난 지 얼마 되지 않아서 매일 200통의 SMS를 보내는 건 귀엽게 봐줄 수 있다. 하지만 그 메시지를 다 읽고 거기에 답장까지 할 시간을 써야 하지 않나!

보고 싶은 마음 가득한 두 연인 중 한 사람은 어쩌면 지난 한 시간 동안 그저 보고 싶다며 보내온 SMS 20개에 답할 시간이 없을지도 모른다. 그러면 무슨 일이 벌어지는가? 메시지를 보낸 사람은 실망하고, 메시지를 받은 사람은 답장을 할 수 없어 스트레스를 받고, 심하면 숨이 막힌다.

대용량의 사랑의 SMS는 서로를 이해하지 못하는 상황의 원인이 된다. 때로는 구속된 것 같고, 숨이 막히고, 의무감에 짓눌린다. 오해는 말도 마시라……

조금 자제할 줄 알아야 한다. SMS를 주  고받기보다는 직접 만나는 시간을 더 갖는 것이 필요하다. 반복적인 통화나 SMS는 갓 만나 서로 알아가는 관계에 독이 될 수 있다.

SMS가 존재하지도 않는 것에 대한 환상을 불러일으킬 때도 있다. 그러니 **현실로 돌아와서 사랑하는 사람을 손끝으로 직접 터치하는 것이 바람직하다.**

SMS는 소통한다는 인상만 줄 뿐이다. 상대방의 이미지를 만들어내서 때로는 현실이 아닐 때가 있다. 이런 경우에 열정적인 연애가 완벽한 실망으로 끝날 수 있다.

"연인에게 전화를 거는 것은 당신의 심처럼 빛나는 욕망을 그에게도 보여달라고 요구하는 것이다."

-질 토루아, 《비밀의 정원》

"전화를 걸지 않는 연인의 악마 같은 손에 쥐어진 전화는 고문 도구이다."

-알랭 드 보통, 《왜 나는 너를 사랑하는가》

"20세기의 사랑은 울리지 않는 전화다."

- 프레데리크 베그베데르, 《사랑의 유효 기간은 3년》

친구 초대

친구 집에 가거나 친구들을 집에 불렀을 때 가장 중요한 것은 식사 자체가 아니라 친구들이고 친구들과 만나는 기쁨이다.

과거에는 테이블 위 와인병 옆에 담뱃갑이 굴러다녔지만 지금은 스마트폰이 그 자리를 차지했다. 그리고 예전에는 테이블에서 담배를 피웠듯이 지금은 SMS를 보낸다.

그것은 친구들과 보내는 즐거운 시간을 제대로 즐기지 못하게 막는 나쁜 습관이다. 이 습관을 고치는 방법은 여러 가지가 있다.

〈 디톡스 솔루션

휴대전화 수거하기

친구들에게 뜻밖이면서도 재미있는 걸 제안해보자. 현관 신발장 위에 작은 바구니를 두고, 들어오는 사람마다 스마트폰을 바구니에 넣게 하는 것이다. 그러면 방해받지 않고 즐거운 시간을 보낼 수 있다. 요즘은 이런 아이디어를 실천에 옮기는 식당이 많다.

욕실만은 내버려둬

욕실은 하루의 긴장을 풀 최고의 장소이자 하루를 정리할 수 있는 최소한의 장치이다. 이 평온함의 공간에도 스마트폰이 침범했다! 전기면도기로 쓰려고? 제모기? 헤어드라이기? 전동칫솔? 아니다! 아직은. 광적인 엔지니어들이 머지않아 우리에게 새로운 기기를 내놓아서 다프트 펑크의 최신곡 리듬에 맞춰 턱수염을 밀 수 있도록 반드시 와이파이에 접속해야 할지도 모르지만.

웃지 마시라. 좋아하는 노래의 리듬에 맞춰서 천상의 오르가즘을 느낄 수 있는 바이브레이터가 이미 몇 년 전에 개발되었다고 하니까.

내가 매일 아침 휴대전화를 욕실에 가져갔던 유일한 이

유는 '혹시 몰라서'였다. 나는 이 충분하고도 쓸데없는 일탈을 그만두었다. 하지만 가족과 친구들에게 물어보니 다들 욕실에 전화기를 들고 간다고 했다. 라디오를 듣거나 뉴스 채널을 보려고 말이다. 덤으로 SNS 알림 메시지도 확인하고.

라디오와 텔레비전 때문에? 정말 이럴 거니?

> **〈 디톡스 솔루션**
>
> **라디오 가갸!**
> 알람시계와 마찬가지로 욕실의 라디오도 진짜 라디오로 바꿀 수 있다. 스마트폰과는 달리 뜨거운 김을 걱정하지 않아도 되니 말이다. 실수로 욕조나 변기에 빠뜨리는 휴대전화가 하루에 몇 대일까?

너무 비싼 장난감

휴대전화 기기 값이 하늘 높은 줄 모르고 치솟는데도, 유행하는 최신 기기 구매는 피할 수 없는 일이 되었다.

이런 현상은 기능을 약간 개선해서 내놓는 게 전부인 새로운 모델이 자꾸 등장하기 때문이기도 하지만, 스마트폰 모델이 타인에게 보이는 나의 이미지를 결정하기 때문이기도 하다. 스마트폰은 어떤 수준을 나타내는 코드가 된 것이다. 가지고 있는 기기가 아이폰인지 삼성인지 또는 다른 브랜드인지에 따라 쉽게 식별된다. 스마트폰이 사회적 지위의 표상이 된 시대가 왔다.

순위에서 1위를 차지한 것은 아이폰이고, 2위는 삼성, 그리고 사람들이 완전히 무시하는 그 밖에 다른 브랜드들이 하위권을 장식한다 과거 MP3 기기 때도 그랬던 것처럼 고전을 면치 못하고 있는 소니는 여전히 시장에서 살아남으려고 고군분투 중이다.

물론 약간의 변조는 있다. 예를 들어 아이폰4 사용자와 삼성 갤럭시 S8 사용자는 똑같은 계층에 속한다. 하지만 아이폰 모델이 높고 갤럭시 모델이 낮으면 같은 등식이 성립하지는 않는다.

그래서 1년 또는 최대 2년에 한 번씩 사람들은 스마트폰을 바꾼다. 이는 스마트폰계의 롤스로이스를 구매해서 자신의 이미지, 그리고 사회적 지위를 향상시키려는 의지로 볼 수 있다.

유행과 인플루언서들의 조력 덕분에 '계획된 진부화'는 우리를 진정한 '호구'로 만든다. 우리는 언제라도 600~800유로 또는 그 이상을 들여서 가지고 있던 기기와 정확히 같은 기능을 가진 기기를 산다.

그러다가 애플리케이션 업데이트 때문에 메모리가 꽉 찬다. 이상하게도 속도가 느려진다. 그러니 선택의 여지가 없다. 새 장난감을 살 수밖에!

새 장난감을 사는 작은 즐거움이 있다는 건 인정한다. 그러나 장난감 가격을 보면, 특히 기능이 더 많아지거나 나아지지 않았다는 걸 알게 되는 순간 그 작은 행복은 연기처럼 사라져버린다.

아, 참! 새로운 기능이 있었다. 이제는 사진을 손가락으로 누르면 사진이 움직인다. 또 시리에게 음성 명령을 내릴 수도 있다. 멋진걸! 하지만 그런 기능들을 즐겨 쓰는 사람을 나는 거의 보지 못했다. 혁명으로 불렸던 페이스타임도 늪 표면에 올라온 개구리 두 마리가 일으키는 것과 비슷한 잔물결밖에는 만들지 못했다.

〈 디톡스 솔루션

돈을 아끼자

'꼭 가져야 하는' 최신 장난감에 대한 보이콧과 함께 유행이 전반적으로 잦아들면서 대기업들의 탐욕도 조금 진정된 것 같다. 그들은 기적과 같은 신기술을 내놓는다고 하더니 우리에게 신기루만 팔았다.

스마트폰이 3세대(아이폰6에서 8까지)를 거치면서 가격은 400유로가 족히 올랐다.

자연에서 보내는 주말

자연에서 보내는 주말보다 실재하는 것과 재회하기에 더 좋은 방법이 있을까. 도시의 소음과 만성 스트레스에서 탈출해 숲에서 산책하기, 내면의 평화를 설파하는 샤먼들이 하나같이 추천하는 나무 껴안기보다 재충전을 잘할 수 있는 방법이 있을까. 고요함 속에서 바람에 스치는 나뭇가지의 소리를 들으며 크게 숨을 들이마신다. 그때 갑자기 반사적인 행동이 고개를 든다. 권총을 꺼내 드는 카우보이처럼 스마트폰을 꺼내 들고 거친 바람이 불어와 적대감이 느껴지는 숲 한가운데에서 안도의 한숨을 내쉰다.

"오늘 저녁 바비큐 어때? 날씨가 어떤가 한번 볼까?"

그런데 아무것도 작동이 안 된다. 네트워크 연결 막대기가 하나도 안 나타난다. 4G, 3G는커녕 2G도 안 터진다. 마치 "조금 자리를 옮겨보면 SMS 정도는 보낼 수 있을 거야." 라는 형국이다. 제로. 화면 상단은 완전히 비어 있다.

스마트폰 기술에 익숙한 친구들은 이런 상황을 한번쯤 경험했을 것이다. "젠장! 연결이 안 되잖아! 너는 돼?"

몇 초 동안 고립감과 흥분감이 동시에 찾아온다. 우리는 세상을 보지 못하고 있어. 세상도 우리를 보지 못하고!

이 말은 반은 맞고 반은 틀리다. 우리는 그때까지 우리의 SNS와 우리의 작은 세상에 대해서 하나부터 열까지 아는 것을 무척 중요하게 여겼지만 **세상은 우리가 네트워크에서 사라져도 콧방귀도 뀌지 않는다.**

의무적으로라도 현실로 잠깐씩 되돌아오자. 현실에서 우리 삶의 중심인 스마트폰은 존재 이유가 없다. 그것은 납작하고 차가운 물체에 지나지 않는다. 잘 써봐야 음악 저장소나 계산기 역할을 할 뿐이다.

중독자들에게는 처음이 좀 힘들겠지만 주말 내내 벽난로 위에 스마트폰을 두면 시간이 지날수록 깊은 안도감이 들면서 그 효과를 이내 느낄 수 있을 것이다.

배터리 증후군

누구나 운전을 할 때 속도계를 주시하지만 스마트폰 중독자는 운전을 하면서도 남아 있는 휴대전화 배터리 막대기를 불 위에 올려놓은 냄비 보듯 살펴본다.

충전을 할 수 없는 상태에서 배터리가 10퍼센트 이하로 떨어질까봐 전전긍긍한다. 불안감은 커지고, 어떻게 하면 배터리가 떨어지지 않게 할 수 있을지, 어떻게 하면 최대한 빨리 충전할 수 있을지 궁리한다.

목숨이 위태로운 상황이라면 충분히 이해할 수 있다. 하지만 지하철을 타고 가는 중이라면 그렇게 애를 태울 필요는 없지 않은가! 나는 심각하게 스마트폰을 들여다보면서 배터리가 다 떨어져간다며 쓰러질 것처럼 구는 사람들을 몇 명 본 적이 있다. 히스테리 환자 같기도 했다.

 디톡스 솔루션

 안심해야 내려놓는다

배터리가 떨어져서 접속을 못한다는 사실을 견디기 정말 힘들면 초기에는 금연을 시작한 사람들처럼 하면 된다. 흡연가가 가방에 담뱃갑을 넣어 다니는 것처럼 백 퍼센트 충전한 여분 배터리를 가지고 다닌다. 담배를 끊었어도 흡연가에게는 매일이 다시 피지 않기 위한 싸움이다. 언제든 담배를 피울 수 있다는 사실을 아는 것만으로도, 그러니까 스마트폰을 다시 충전할 수 있다는 사실을 아는 것만으로도 배터리(담배)에 손을 대지 않게 된다.

단체 통화

스마트폰을 손에 쥐고 이어폰으로 통화를 하는 세상이 온 뒤로는 가끔 거리에서 사람들이 다 미쳐 보일 때가 있다. 통화 내용에 집중하느라 자기도 모르게 목소리가 올라가서 아예 소리를 지르기도 한다.

귀가 따가운 불편함은 차치하고라도 우리는 그들의 대화를 공유하는 '즐거움'을 누린다. 개인적으로 나는 그런 내용을 엿들으면 정육점에 놓인 소머리를 본 것처럼 치가 떨린다.

스마트폰을 직접 귀에 대면 전자파 때문에 건강에 좋지 않아서 이어폰을 쓴다고 하는 사람들이 있는데, 나는 이어폰에 달린 마이크의 성능이 전화기에 장착된 마이크만큼이나 좋다는 걸 알려주고 싶다. 그러니까 길거리에서 그렇게 장사꾼처럼 소리를 지를 필요가 없다고요!

빅 브라더

"나는 갑자기 휴대전화의 통화 기록을 추적할 수 있다는 사실이 기억났다. 망할 테러리스트들! 그놈들 때문에 이젠 조용할 날이 없다니까!"

– 세바스티앵 뒤방스키, 《왕국의 붓》

"휴대전화 하나로 온 세상이 당신 집에 쳐들어가서 최악의 상황을 만들 수 있다."

– 야스미나 레자

중독×중독

상습적으로 게임과 도박을 즐기는 사람들을, 온라인 게임과 카지노 등 온갖 도박 사이트들이 부추기고 있다. 스마트폰의 출현으로 그들은 언제 어디서나 게임을 할 수 있게 되었고, 사무실에 앉아서 지구 반대편에서 벌어지는 하키 게임에 내기를 걸 수 있게 되었다. 게이머와 도박꾼은 스마트폰 덕분에 전 세계 모든 게임과 도박의 중심에 설 수 있게 되었다.

나는 그런 게임과 도박이 얼마나 쉬운지 알게 되었을 때 당황했다. 정기적으로 도박을 하는 친구 한 명이 내게 자기가 사용하는 애플리케이션들을 보여주었는데, 상상을 초월하는 분야에서 클릭 한 번으로 내기 판이 벌어지고 있었다. 도박꾼들은 돈을 걸고 또 걸어서 아드레날린을 유지한다. **마치 마약 주사기를 계속 누르듯이 손가락으로 화면을 누른다.** 이중의 중독이자 이중의 타락이다.

< 디톡스 솔루션

승률 0퍼센트

애플리케이션을 쓰면 충전할 때 계좌에서 얼마나 빠져나가는지 의식적으로 확인하지도 않고 아무것에나 내기를 걸기 아주 쉽다.

정기적으로 도박을 하거나 게임을 하는 사람은 그런 애플리케이션을 아예 다운로드 받으면 안 된다. 도박, 내기, 게임에 돈 걸기가 의식적인 행위가 되면 훨씬 쉽게 멈출 수 있다.

이동식 감옥

몇 년 전까지만 하더라도 지하철에서 사람들이 목적지에 도착할 때까지 가장 많이 하는 소일거리는 독서였다. 목적지에 도착하면 사람들은 읽던 책장의 귀를 접어 가방에 넣고 내리곤 했는데, 이제 가방에 챙겨 넣지도 않는 스마트폰에 자리를 내어주었다.

"그게 세상 이치야, 영감탱이!"

디지털 시대를 가장 잘 맞이하는 친구들은 내게 핀잔을 주고는 한다. 그럴지도. 만약 스마트폰 사용이 산책이나 독서만큼 이롭다면 말이다. 하지만 지하철에서 사람들이 스마트폰을 어떻게 쓰는지 어깨너머로 엿보고 나면 그렇지 않다는 생각이 점점 더 많이 든다.

우리에게 시간이 점점 더 모자란 것이 사실이다. 퇴근해서 또는 잠자리에 들기 전에 책을 펼칠 힘도 모자라다. 대중교통을 이용하는 시간이 몽상에 빠지고, 배우고, 또는 만원 버스 창밖으로 시선과 생각을 띄워 보낼 수 있는 가장 좋은 시간이었다.

나는 사라진 지 얼마 되지 않은 이런 좋은 습관을 다시 찾자고 말하고 싶다. 캔디 크러쉬를 하거나 가짜 뉴스와 어제 친구가 까맣게 태워버린 파이가 경쟁하는 페이스북 타임라인이나 확인하지 말고 우리의 교양을 쌓고 우리의 꿈과 행복을 가꾸자.

휴가를 망치는 주범

요즘은 스마트폰을 두고 휴가를 떠나는 건 상상조차 할 수 없는 일이다. 주말만이라도 어림없다. 그러나 스마트폰을 가져가면 일상에서 느끼던 스트레스도 함께 가져가는 것이다. 사무실에 앉아서 일할 동료들, **하루에 한 번 들여다봐야 할 업무 메일을 같이 데리고 가는 셈이다.**

해마다 휴가를 떠나면서 뭐가 좋다고 걱정과 스트레스를 안고 가는가. 그토록 고대하던 휴가 기간 동안 마음 놓고 긴장을 풀지도 못하게 할 원인이라는 생각은 하지도 못한 채 말이다.

절반이 아니라 완전히 접속을 차단시키기 위해서 '커넥티드 라이프'로 인도하는 소중한 열쇠는 집에 두고 떠나야 한다. 그런데 이것은 거의 불가능한 이야기이다. 우리의 삶을 편안하고 안락하게 해주어야 할 도구가 우리 삶의 중심이 되었고, 더 나아가 병적인 경우에는 목적 자체가 되었기 때문이다. 그것도 단 몇 년 만에 그렇게 변했다.

휴가의 추억을 담을 카메라는 여전히 존재한다. 또 정말 급하면 호텔, 식당, 공공장소에 전화가 얼마든지 구비되어 있다.

디톡스 솔루션

불가능에 도전하자

나 자신과 제대로 만나기 위해 이번 여름에는 접속 장치를 아예 꺼버리면 어떨까?

처음에는 현기증이 나겠지만 이 실험이 끝나고 나면 진정한 행복을 찾을지 누가 아나?

노모포비아

노모포비아Nomophobia. 몇 년 전부터 많은 의사와 과학자가 언급한 이 신종 질병은 스마트폰의 지나친 사용과 관련이 있으며 세계 곳곳에서 급속도로 확산되고 있다.

이 질병은 손에 스마트폰을 들고 있지 않은 사람이 느끼는 정신적 고통 상태를 일컫는다.

이런 상태에 빠지면 패닉 증상이 나타나면서 호흡이 가빠지고 구역질이 나며 몸이 떨리고 심장 박동이 빨라진다.

증상은 중독 정도에 따라 사람마다 다르게 나타난다. 최근에 미국에서 이루어진 한 연구[8]가 사람들에게 경종을 울

---

8 스마트폰을 사용하는 18~65세 미국 시민 800명의 중독 비율을 알아보기 위하여 프론트레인지(FrontRange)가 수행했다.

리고 있다. 이 연구 결과에 따르면 응답자의 66퍼센트가 스마트폰을 가지고 있지 않으면 컨디션이 좋지 않다고 느끼거나 **실제로 고통을 느낀다**고 답했다.

 디톡스 솔루션

나락으로 떨어지는 것을 피하라

우리는 어쩌다가 이런 지경에 이르렀을까? 몸이 아플 정도로 말이다. 게다가 이 질병은 깨닫지 못하는 사이에 진행되어서 진단도 매우 늦다. 전조 증상은 워낙 흔하기 때문에 잘 알 수가 없다.

66

휴대전화는
질병의 원인인가 징후인가?

휴대전화 사용이 부적절하고 불필요하며 위험하고 독이 되며 무례할 수 있는 순간들을 아무리 나열해도, 나는 이 문제에 관해서는 닭이 먼저냐 달걀이 먼저냐 하는 질문을 하지 않을 수 없다.

영업 회의 중에 게임을 하는 것은 예의에 어긋나는 일임에 틀림없다. 그러나 스마트폰이 출현하기 이전에도 지루한 회의에 들어가면 누구나 시간을 때우려고 딴짓을 하지 않았던가. 낙서를 하거나 장보기 목록을 만들거나 몽상에 빠지거나 오목놀이를 했었다.

연인끼리 저녁 식사를 할 때도 마찬가지이다. 한 명이 5분마다 메시지를 확인한다면 그것은 스마트폰 중독일까,

아니면 메시지를 확인하면서 그 자리가 불편한 마음을 숨기는 것일까?

어쩌면 둘 다일지 모른다. 아무튼 지루하거나 불편한 자리에서 휴대전화가 거의 강박적인 욕구를 불러일으키며 그 순간을 모면하기 위한 손쉬운 탈출구가 되었다면 말이다. 그것은 **도망치거나 거리 두기의 한 방법**일 것이다. 어딘가 다른 곳에서 무언가가 그들을 기다리고 있을지 모르니.

디지털 붕대를 풀어라

불편함을 느끼는 순간이 있다면 나를 지루하게 하고 불편하게 하는 게 무엇인지 정면으로 부딪치려고 노력하면 어떨까? 휴대전화의 화면 뒤에 숨지 말라. 도망치는 우리를 도와주는 디지털 붕대를 감지 말라. 왜 우리 삶에서 마음에 들지 않는 것을 바라보고 부딪치고 받아들이지 못하는 걸까? 디지털 붕대를 풀고 상처를 치료하겠다고 마음먹는 것은 어떨까?

 "휴대전화에는 평범한 것과 비극적인 것, 끝없는 수다나 갑작스러운 죽음만 있다. 그 중간은 없다."

– 크리스티앙 보뱅, 《뜻밖의 여자》

"주식 시황에서 눈을 떼지 않은 채 통화를 하면서 걷거나 먹는 사람들을 보면 이런 것이 야만이라는 생각이 든다."

– 파브리스 루키니

"지구 반대편으로 여름휴가를 떠나는 동료에게 아침에 너무 일찍 전화를 하지 말라고 일렀건만, 시차 때문에 새벽 여섯 시에 전화벨이 울린다."

– 아모리 보두앵

"청소년기 : 전화 왔다고 말해주면 기뻐 날뛰는 마지막 시기."

– 로랑 레보비츠

새해 복은
휴대전화를 타고

연말에 송년 카드를 보내던 시절은 완전히 끝난 것 같다. 생일 축하 카드와 마찬가지로 송년 카드도 어느 때부터인가 이메일로 보내는 온라인 카드로 바뀌더니, 그것도 몇 년 지나서 구식이 되어버렸다.

휴대전화가 보급되기 시작했던 몇 년 전까지만 하더라도 12월 31일 자정이 가까워지면 친한 사람들에게 전화를 거느라 정신이 없었다. 이 기발한 기기 덕분에 사람들은 지구 어디에서든 전화를 걸어 새해 복 많이 받으라고 말할 수 있었다. 그러나 이마저도 몇 년 뒤에는 사라져버렸다. 자정이 되면 통신망이 마비되어서 통화가 어려워진다. 통신망이 회복되기를 기다리다 지친 사람들은 그냥 SMS를 보내기 시작했다. 처음에는 한 사람 한 사람에게 정성 들여 보냈지만 이내 간결한 메시지를 그룹 전송했다.

지금은 그냥 페이스북에 새해 인사를 남기는 것으로 만족하기도 한다.

이 변화가 희한한 것은 귀찮음으로 인해서 일종의 휴대전화 디톡스가 가능했다는 점이다. 하지만 새해 인사를 거의 안 하거나 1월 내내 나눠서 하는 것도 함께 사는 삶의 바로미터로 볼 때 더 나은 징후는 아니다.

어른들의 곰 인형

"나의 심장, 나의 사랑 / 나의 사랑, 나의 심장 / 내가 혼자라는 걸 상기시키는 커플들이 나는 싫어." 고독감을 재미있게 표현한 아나이스Anaïs의 노래를 기억하는가? 밤이 되면 누군가를 품에 꼭 안고 싶은 마음⋯⋯. 다 자란 우리가 사람 대신 곰 인형을 껴안고 잘 수도 없고⋯⋯. 하지만 괜찮다. 우리에게는 휴대전화가 있으니까!

휴대전화의 '곰 인형화' 현상을 퇴행으로 보든 혁명으로 보든 상관없다. 중요한 건 휴대전화가 우리의 침대를 장악했다는 사실이다. 휴대전화는 우리 바로 옆, 베개 위나 아래에 떡하니 놓여 있다. 휴대전화를 밤새 그렇게 가까이 두면 전자파가 건강에 어떤 해악을 미칠 수 있는지 설명하는 수고는 전문가와 과학자들에게 맡기겠다. 나는 침대에서 마저 휴대전화와 떨어지지 못하는 이 기괴한 현상에 대해 생각해보는 것으로 만족하겠다.

　낮에도 휴대전화와 아예 떨어지지 못하는데 밤까지 휴대전화와 보내야겠는가? 그건 좀 너무한 거 아닌가? 이런 습관을 보면 **휴대전화를 피부 밑에 이식할 날이 얼마 남지 않은 게 아닐까?**

타임아웃의 아웃

타임아웃을 갖지 않는 것. 이것이야말로 지나친 휴대전화 사용이 몰고 온 가장 눈에 띄지 않는 위험이 아닐까 싶다.

오락에서 업무에 이르기까지 제공되는 서비스가 워낙 방대하고 기기도 휴대하기 편하니 도대체 멈출 수가 없다. 또 휴대전화를 언제 어떻게든 사용해보려 하니 책 읽기, 정원 가꾸기, 새로운 것의 발견 등 다른 활동은 전혀 할 수가 없다.

친구와의 연락, SNS, 게임, 그 밖에 모든 애플리케이션 때문에 자유 시간 전체를 휴대전화 사용에 바칠 위험이 크다.

따져보면 결국 우리에겐 타임아웃도 없지만 그렇다고 자유 시간도 없다. **휴대전화가 우리에게 아직 제공하지 못하는 유일한 것은 아무것도 하지 않고 생각할 시간, 삶을 살아갈 시간을 찾아주는 것이리라.**

〈 하늘에서 내려다본 휴대전화

"손에 든 휴대전화는 묵주를 대신한다. 페이스북은 하나님 없는 고해성사요, 영성체이다."

– 장 도르메송, 《나도 언젠가 할 말도 다 못한 채 떠나겠지》

"세계화? 좋지. 인터넷, 휴대전화, 컴퓨터…… 세계 인구 절반과는 상관없는 것들."

– 지미 카터

"당신에게는 뭐가 보이나? 땅 위의 자동차들, 하늘의 비행기들, 인간만큼 아니면 인간보다 더 많은 휴대전화들, 컴퓨터들, 그리고 인터넷. 초소형 기계들, 필라멘트, 가는 띤들이, 불가사의라 곳곳에 숨은 영혼들 그리고 신을 쏠아냈다."

– 장 도르메송, 《나도 언젠가 할 말도 다 못한 채 떠나겠지》

침대의 지배자

짐작은 했겠지만 영국 더럼 대학의 연구자들이 진행한 연구 결과가 사실을 확인해주었다. 침대에서 사랑을 나누지 않고 스마트폰으로 SMS를 보내거나 SNS를 보는 커플이 40퍼센트에 이른다는 사실을.

침대에서 휴대전화와 태블릿을 쓰면 리비도에 직접적인 영향을 미친다. 지쳐 쓰러져 잠들 때까지 손에서 놓지 않기 때문이다. 그때는 피곤해서 서로를 부둥켜안을 힘조차 없다.

또 다른 연구도 당황스럽기는 마찬가지이다. 영국인 3명 중 1명은 성관계 도중에 휴대전화를 사용한 적이 있다고 고백했다. 아주 잠깐 훔쳐본 것까지 포함해서.

잠 도둑

수면 부족은 스마트폰 과다 사용으로 유발되는 직접적인 결과이다. 침대에 누웠는데 게임이나 메시지로 뇌를 자극하면 잠이 드는 시간이 그만큼 늦춰진다.

새벽 세 시에도 휴대전화를 두드리고 있는 사람이 얼마나 많은가? 하지만 아침에 알람은 똑같은 시간에 울린다. 그러면 그만큼 수면 부족 시간이 쌓이게 된다. 잠깐 졸아서 수면을 보충한다고는 하지만 한 주의 수면 시간을 계산해보면 하루에 다섯 시간 이상을 자지 못한다. 이는 앞 쪽지에서도 말했듯이 사랑으로 불타는 뜨거운 밤을 뺀 수치이다. 그거야 적어도 사랑하는 사람과 좋은 시간을 보낼 수 있었다는 장점이라도 있지만.

잠을 잘 자는 것이 얼마나 중요한지 모르는 사람은 없다. 우리 몸을 쉬게 하고 제대로 수면을 취해야 하는 이유는 무엇보다 집중력과 신체 기능을 회복하기 위해서이다. 그러지 않으면 어느 정도 시간이 지난 뒤에 병에 걸리기 십상이다. 사람의 뇌는 낮에 수집한 정보를 분류하기 위해 밤에 쉬어야 한다. 우리 몸도 스스로 치유하기 위해 단잠이 필요하다.

< 디톡스 솔루션

 건강한 신체에 건강한 정신이 깃든다

건강한 신체와 건강한 정신을 갖기 위해서라도 수면 시간의 절반을 휴대전화에 사용해서는 안 된다.

흐름 끊지 마

'플로우flow'라는 말을 들어본 적이 있는가? '흐름'이라는 뜻인데 여기서는 말의 흐름 같은 것이 아니라 해야 할 일에 대한 집중력이 최고로 올라간 '몰입'의 순간을 뜻한다. 그런 순간에는 평소보다 다섯 배까지 생산성이 치솟는다는 것이 증명되었다.

일을 시작하고 15분 정도 지나면 몰입도가 최고조에 이른다는 것을 보여주는 연구가 많다.

그런데 바로 그 순간에 늘 어김없이 부르르 반짝반짝 빛나는 우리의 유령이 헤아릴 수 없이 많은 알림 메시지를 보내며 등장한다. 의도적이든 아니든 스마트폰을 보는 순간 우리는 몰입 상태에서 즉시 빠져나온다. 먹이를 달라고 종

을 치는 고양이를 보고 황홀해한 다음에 다시 일이 잘되고 능숙해질 때까지 15분 동안 집중해야 한다. 그런데 20분 뒤에 7월 14일 혁명 기념일의 불꽃놀이처럼 인스타그램 알림 메시지가 터진다. 좋은 아이디어가 샘솟기 시작한 지 5분 정도밖에 안 되었는데 말이다. 인스타그램에 올린 스키 사진의 '좋아요'를 확인하고 나자 이번에는 페이스북이 오늘 누군가의 생일이라고 알려준다. 한 번도 만난 적 없는 사람의 생일을 말이다.

이제 다시 처음으로 되돌아간다. 몰입에서 빠져나온 우

리는 출발점에 다시 선다. 그렇게 하루를 보내고 나면 평소보다 다섯 배나 효율성이 떨어지고 다섯 배나 느리게 일하게 된다. 그런 날이면 퇴근하면서 다들 이런 생각이 들었을 것이다.

'오늘은 왠지 정말 긴 하루였어. 하루 종일 사무실에서 완전히 헤맸다니까!'

왜 그런지 정말 몰라?

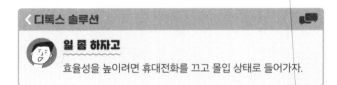

〈 디톡스 솔루션

일 좀 하자고
효율성을 높이려면 휴대전화를 끄고 몰입 상태로 들어가자.

종이는 배터리가 없지

기술에만 지나치게 의존하다가 난처한 상황에 놓일 수 있다. 기술에 버림받았을 때 일어날 수 있는 일과 문제를 예방할 수 있는 팁을 소개한다.

- **기차표** :

스마트폰에 기차표를 담을 수 있는 앱을 사용하면 편리하기는 하지만 만약 전화기를 떨어뜨려서 작동이 안 되거나 배터리가 떨어지면 곤란하다. 이런 일은 매일같이 벌어진다. 기차가 떠나기 바로 전에 이런 일이 생겼다면 어떻게 하나? 방법이 없다. 기차는 벌써 떠났다. 그래서 나는 아직도 집에서 QR 코드가 있는 기차표를 인쇄해서 기차 탈 때 검표기에 찍는다. 안전하기도 하고 스마트폰을 꺼낼 필요가 없어서 편하기도 하다.

• **약속** :

나는 약속이 생기면 약속 장소의 주소를 이메일로 받는다. 스마트폰에서 주소만 누르면 지도가 열리고 어디로 가야 할지 나오니 참 쉽고 편리하다. 스마트폰에 아무 문제만 없다면! 앞에서도 말했듯이 전화기가 고장이 나거나 연결이 끊기면 주소를 찾을 길이 없다. 그럼 어떻게 해야 하나? 정확한 주소를 모른 채로 벌써 약속 장소까지 절반을 왔다면? 설상가상으로 일정이나 연락처에 있는 만날 사람의 전화번호도 따로 적어놓지 않았다면? 괜찮다. 이메일에 다 있으니까. 맞다. 하지만 그 순간 전화기가 물병에 쏙 빠진다면? 상대방을 바람맞힐 수밖에! 늦었다고 사과할 수조차 없다. 그야말로 대실패. 구식이라고 나를 놀릴지 모르겠지만 나는 중요한 약속이 있으면 항상 종이에 만날 사람의 연락처를 적어서 주머니에 넣어둔다. 그보다 더 좋은 방법을 아직 찾지 못했다.

• **GPS** :

GPS가 가라는 대로 고분고분하게 가다가 들판 한복판이나 늪 한복판에 들어간 사례들이 인터넷에 많이 떠돌아다닌다. 운전자들은 단 한 번도 GPS를 의심하지 않았다. GPS가 고장 나면 모르는 곳에서 길을 잃을 수 있다. 그러니까 차 안에 지도를 항상 구비하고 다녀라. 그것도 꽤 나쁘지 않다.

< 디톡스 솔루션

스마트폰이 아니라 나 자신을 믿어라

기술은 매우 편리하지만 그것도 작동을 해야 가능한 얘기다. 모든 것을 기술에 의존한다면 호미로 막을 걸 가래로 막게 될 수 있다. 종이는 구시대의 유물일지도 모르지만 깨지지도 않고 배터리가 나가지도 않는다.

제발 나를 퍼가요

앞에서도 여러 번 말했지만 공유 남용에 대해서 강조하고 싶다. 어쩌면 당신은 희생자일 수도 있고 가해자일 수도 있을 것이다.

우리 삶의 매 순간을 사진으로 남길 필요가 정말 있을까? 비디오로 촬영할 필요가 있을까? 거기에 대해서 포스트를 쓰고 '스토리'에 넣을 필요가 있을까?

모든 SNS 사용자가 볼 것과 읽을 것_{읽지도 않고 공유한다고 올리는} _{글까지 포함해서}을 올리고 그만큼 자신의 SNS 계정을 읽는 시간을 늘린다. 이것은 기하급수적으로 콘텐츠를 올리는 경쟁이며, 그로 인해 그 많은 포스트와 사진을 보고 읽느라 시간을 빼앗기고, 그 포스트와 사진을 올리기 전에 찍고 쓰고

하느라 또 시간을 빼앗기는 이중의 피해를 입는다.

어찌 보면 우리는 삶의 모든 것을 공유하고, 그것이 너나 할 것 없이 광적으로 SNS를 확인하게 만드는 간접적인 원인이 된다.

〈 디록스 솔루션

광적인 공유는 이제 그만!

SNS에서 모든 걸 공유하려고 하기 전에 1초만 생각하자. 이걸 정말 올릴 가치가 있나?

만약 모두가 광적인 공유에서 한 발만 빼면 알림 메시지의 수뿐만 아니라 우리가 쓰는 시간도 크게 줄어들 것이라고 생각한다. 또한 공유한 콘텐츠의 질도 더 나아질 수밖에 없을 것이다.

아무도 내게
말을 걸지 않아

스마트폰을 사용하다가 의존성이 커지면 소외감과 같은 심리적 혼란을 느낄 수 있다. 10분마다 스마트폰을 들여다보면서 아무리 기다려도 알림 메시지 한 통, SMS 한 통 들어오지 않을 때 그런 감정이 느껴진다.

스마트폰과 그 세계에 우리의 삶, 시간, 좋은 추억 등 우리의 모든 것을 바쳤는데 아무것도 되돌려받지 못한다면 소외감을 느끼는 것은 당연한 결과요, 자연스러운 반응이다. 아무도 내가 하는 일에 관심이 없다. 아무도 내게 메시지를 남기지 않는다. 아무도 내 생일 축하를 게시하지 않는다. 1년이 지난 뒤에 자동으로 나타나는 '과거의 오늘'에는 내 모습이 찍혀 있는데……. **그 세계만이 내가 존재한다는**

것을 아는 듯.

오지 않는 알림 메시지 때문에 느끼는 소외감은 중독 정도가 이미 심하다는 것을 보여주는 신호이다. 이런 증상을 빨리 치료해야 한다. 그렇지 않으면 정신의 감옥과 같은 디지털 세계에서 점점 더 빠져나가기 힘들어질 것이다.

그런 순간에 스스로에게 던져야 할 질문이 딱 하나 있다. "인간으로서의 나, 살아 있는 생명체로서의 나에게는 무엇이 남아 있는가? 내 행복이 가상의 세계에 달려 있고 나는 그 세계에 빠져 허우적대고 있다면?"

< 이것은 진보일까?

 "세상을 변화시키는 사람은 기업가도, 억만장자도, 정치인도 아니다. 그들은 과학자, 지식인, 기술자이다. 20세기에서 21세기로 넘어가면서 그들은 가장 뛰어난 발명품을 만들어냈다. 바로 휴대전화와 인터넷이다."

– 미셸 뷔토르, 2016년 〈라 트리뷴 드 주네브〉와의 인터뷰

"새로운 도구들—휴대전화, 인공 팔다리, 컴퓨터, 구글 메모리—은 우리를 변화시킨다. 우리는 이미 돌연변이들이다."

– 조엘 드 로스네, 〈컨텍트, 창조의 백과사전〉 (캐나다 텔레비전 프로그램)

공포의 청색광

마흔네 살에 컴퓨터 화면 앞에 앉아서 몇 시간 동안이나 글을 쓰려면 마음을 굳게 먹어야 했다. 그래서 안과에 종합 검진을 예약했다. 그런데 놀랍게도 그렇게 오래 화면 앞에 앉아 있었는데도 눈에는 아무런 이상이 없었다아마도 타자가 느려서 화면보다 키보드를 더 많이 봐서 그럴 것이다. 아무튼······.

• 의사의 간단한 처방 :

청색광 차단 안경으로 눈의 피로를 덜어주세요.

안과 의사들이 특히 지적하는 원인은 바로 스마트폰의 작은 화면이다. 빛이 지나치게 강하고 컬러가 지나치게 선명할 때, 그리고 화면과 눈 사이의 거리가 줄어들 때 휴대전화를 오래 사용하면 눈에 아주 나쁘다는 사실이 드러났다.

그러고 보니 워크맨_{아이팟의 조상} 시절이 떠오른다. 그때에
도 의사들은 내가 속한 세대가 청각 장애인이 되는 지름길
로 달려가고 있다고 경고했다. 조절되지 않는 볼륨과 저급
한 이어폰 때문에 귓속에 상처를 입을 수 있다는 것이다.

지금으로서는 시력 저하에 대책이 없어 보이는 스마트
폰과 컴퓨터도 사정이 다르지 않다.

몇 시간 동안 사용하다 보면 모르는 사이에 화면이 바로
코앞에 있는 걸 경험해보지 않은 사람이 있나?

< 디톡스 솔루션

 시력을 유지하자

쓸데없이 눈을 피로하게 만들지 않고 시력 문제를 빨리 해결
할 수 있는 방법은 두 가지이다.
눈과 스마트폰 사이의 거리는 최소 30센티미터여야 한다.
오래 사용할 때에는 1일 사용 시간을 체크해서 줄여갈 수 있
도록 사용 시간 관리 앱을 다운로드한다. 한번 체크해보시라.
아마 깜짝 놀랄 것이다.

멜라토닌 킬러

잠들기 전에 침대에서 태블릿이나 휴대전화를 사용하는 습관의 폐해와 거기에서 나오는 불빛이 시력에 미치는 영향에 대해서 말했다. 그런데 '과학적인' 관점으로 봤을 때 상황은 어떠할까? 이렇다 저렇다 논하는 걸 떠나서 실제로 우리 몸에 일어나는 가시적인 영향은 무엇일까?

원리는 사실 아주 간단하다.

멜라토닌은 우리 몸에서 매일 주기적으로 분비되는 수면 호르몬이다.

햇빛에도 존재하는 단파의 청색광은 이 멜라토닌의 분비를 막는다. 그래서 청색광이 많은 아침 햇살이 방 안으로 들어오면 자연적으로 잠이 깨는 것이다. 멜라토닌의 분비가 멈췄기 때문이다.

저녁이 되면 햇빛이 점점 줄어들면서 우리 몸도 다시 멜라토닌을 분비하기 시작하고, 그렇게 해서 피로감이 몰려오면 몸은 회복하기 위한 잠을 자는 것이다.

짐작했겠지만, 문제는 태블릿과 스마트폰에서 인공적으로 나오는 청색광도 멜라토닌의 분비를 막는다는 점이다. 우리가 단잠에 접어들어야 할 바로 그 순간에 말이다. 멜라토닌이 분비되지 않았으니 당연히 잠이 오지 않는다. 잠을 못 자면 휴식도 취할 수 없다. 결국 불면증과 깨기 힘든 아침으로 고생길이 훤해진다. 증명 끝!

> **< 디톡스 솔루션**
>
> **꺼야 잔다**
>
> 프랑스에는 "잠자는 사람은 저녁을 먹는다."라는 표현이 있다. "잠이 보약이다."라는 뜻이다. 이 표현은 몇 백 년 전에 여인숙 주인들이 숙박객들에게 식사를 해야 한다고 알리는 문장이었다가 지금은 원래 뜻과 다르게 쓰인다.
>
> 원래 의미를 살려서 휴대전화에 대입해보면 "잠잘 사람은 휴대전화를 꺼라."라고 말해야겠다. 어쩌면 몇 백 년이 지난 뒤에 "끄는 게 보약이다."라는 말이 생길지도 모르겠다.

'좋아요'가 좋아요!

　사랑받고 싶은 욕구와 인정받고 싶은 욕구는 인간의 본성이다. 우리는 모두 좋은 평가를 받는 것을 즐기며, 우리의 삶과 우리의 계획이 사람들의 관심을 불러일으키는 것을 좋아한다. 어렸을 때부터 어른이 될 때까지 여러 가지 기준과 달성한 목표, 체스 게임에서 얻은 승리만큼이나 격려, 칭찬, 학위, 메달, 트로피, 상장과 공개적인 인정이 우리의 성장과 함께했다.

　디지털 시대에 접어들면서 이 과정은 더 가속화되고 그와 동시에 가치가 떨어졌다. 그러니까 요즘은 칭찬과 격려를 들으려고 승리를 거머쥐는 것이 아니다. '채널 빨리 돌리기'의 시대와 결합한 SNS는 인정받기, 스타 만들기, 노이즈 마케팅의 기준을 0으로 내려놓았다. SNS에 올라오는 '이벤트들' 뒤에는 어떤 노력도 존재하지 않는다. 오랜 시간에 걸쳐 땀과 고집으로 갈고닦은 능력이나 기술은 없다. 시끄러운 진부함만 남아 있을 뿐이다. 유치한 농담과 섹시한 노이즈마케팅. 물론이다. 무엇보다 섹시해야 한다.

우리의 이미지는 방금 올린 사진에 '좋아요'가 얼마나 많이 달렸느냐에 따라 달라진다. 재치 있는 표현, 사색의 깊이에 대해서는 아무런 얘기를 하지 않는다. 여기에 바로 인스타그램의 성공 열쇠가 있다. 인스타그램은 페이스북이나 트위터와는 다르게, 사람들이 글에 대한 관심을 점점 잃어간다는 것을 간파했다. 세대가 달라서일까? 아니면 그냥 게을러서? 알림 메시지가 너무 많아서? 아마 이 세 가지가 다 원인으로 작용했으리라. 글을 읽는 것이든 쓰는 것이든 피곤하기는 마찬가지이다. 하지만 사진이나 비디오를 빨리빨리 넘기는 건 누워서 떡 먹기다.

'좋아요'는 우리의 인기와 사람들이 우리에게 갖는 관심의 정도를 측정하는 유일한 바로미터가 되었다. 이것은 워낙 강력한 바로미터여서 SNS 사용자들 사이에서 새로운 행태가 나타날 정도이다. 메시지란 메시지에 다 '좋아요'

를 사용하는 것이다. **"내가 너 '좋아요' 하면 너 나 '좋아요' 할 거야?"**

이 '좋아요'를 패키지로 파는 회사들까지 전 세계에 나타났다. 어떤 기업에서는 '좋아요'를 사서 이미지를 치장하거나 시장에서 영향력을 보여주려 한다. 정치인들도 '좋아요'를 이용하고 선거를 위해서는 남용하기도 한다. **최악은, 그것이 통한다는 사실이다.** '좋아요'라는 바로미터가 소비자와 유권자에게 워낙 영향이 크다 보니 기자들까지 어떤 현상을 판단하거나 어떤 인물의 중요도를 정할 때 '좋아요'를 근거로 사용한다. 수만 개의 '좋아요' 뒤에는 중국이나 인도에 있는 기업들이 숨어 있다는 사실은 까맣게 잊고 말이다. 이 회사들은 수백 명을 헐값에 고용해서 가짜 계정을 만든 다음 '좋아요' 패키지를 구매한 고객의 페이지로 이동해 '좋아요'만 눌러대게 한다.

바로미터가 가짜라는데 누구 하나 신경 쓰는 사람이 있나? 그 정도로 개인적으로나 정치·경제적으로 '좋아요'는 신뢰의 기준이 되었고 '좋아요'의 유용성을 포함하여 거기에 의문을 제기하는 것은 거의 불가능해졌다.

< 디톡스 솔루션

 '좋아요'의 헤게모니에서 벗어나자

아직까지는 SNS에서 댓글이나 '좋아요' 옵션을 해제할 수 있다. 하지만 '주변'의 지지를 기대하지 않고 뭔가를 올리는 사람이 아직 남아 있을까?

포스트를 올리고 나서 아무것도 기대하지 않는 것은 어떤 면에서는 포스트의 유용성에 의문을 제기하는 것과 같다. 이것이 아직 가능할까? 한번 해보자.

나만 없는 아름다운 풍경

"뭐? 신시아 집에서 하는 저녁 모임에 갔었다고? 난 초대도 못 받았는데? 참 고맙네!"

페이스북 계정에 올라온 저녁 모임 사진을 두고 친구들 사이에서 오간 말이다. 대화는 시간이 흐를수록 더 험악해졌다.

SNS에서 하나에서 열까지 공유하다 보면 이런 일까지 생길 수 있다. 말도 안 되는 이유로 질투를 하고, 사이가 멀어진다. 이 광경을 목격한 나는 화를 내는 친구의 반응을 이해할 수 없었다. 그녀는 도대체 왜 배신감을 느꼈을까?

이런 종류의 공유는 차마 예상하지 못했던 질투를 유발할 수 있다. 결국 두 친구는 화해했지만 한 사람이 모임에

가지 못했을 때에는 다른 사람도 사진을 더 이상 올리지 않게 되었다.

'모든 것의 공유'가 친구나 연인 관계에 미치는 영향은 악의가 없었음에도 불구하고 참혹할 수 있다. 이처럼 일부러 맞으려고 몽둥이를 휘두를 필요가 있을까?

자신의 삶이 보여주는 이미지의 중요성은 이런 극단적인 경우처럼 정말 병적으로 번지기도 한다. **항상 좋은 때에 좋은 장소에 좋은 사람들과 있어야 한다는 집착** 말이다. 초대

받지 못한 곳의 '내가 없는' 사진을 보면, '아름다운 삶'에서 나만 제외되었다고 느낀다. 이는 **공유한 사진 속에만 존재할 수 있다**고 믿는 행복의 신기루이다.

심심하다, 그러므로
나는 존재한다

'호모 사피엔스 2.0'이 빠르게 습득할 수 있었던 기초 반응 중 하나는 언제나 심심함을 달래는 것이다. 아마 이것은 회백질의 존재, 인간이 겪은 가장 큰 진화 중 하나가 아닐까 싶다.

지루함은 금물이다. 몽상도 안 된다. 우리에게 주어진 시간은 단 1초라도 활용하지 않으면 안 된다. 무슨 일을 찾아서라도 그 시간을 채워 넣어야 한다. 압축된 시간을 살아가는 우리에게는 시간 낭비가 금지되어 있다. 이런 시대에 마침 스마트폰이 하늘에서 뚝 떨어졌다. **우리는 더 이상 심심할 수 없을 것이다.**

하지만 뇌가 아무것도 하지 않을 때 얻을 수 있는 장점을 생각하면 이 얼마나 안타까운 일인가. 대형 마트 계산대에 줄을 설 때, 병원 대기실에서 내 순서를 기다릴 때, 학교 앞에서 아이를 기다릴 때 멍하니 생각이 흘러가는 대로 내버려두는 것. 아무것도 하지 않고, **무용하고 지루한 시간을 채우려고 애쓰지 않는 것**은 사실 과부하가 걸린 뇌에 산소를 공급하는 일이다.

그런 시간을 기쁘게 받아들이고 몸을 맡기면 뇌가 자유를 느낄 것이다. 뇌는 그동안 새로운 생각을 할 수 있고, 긴장을 풀고, 다른 것들에 관심을 가질 수 있다. 그것이 창의력을 불러오는 뇌의 연상 작용의 기본이다. 그뿐만 아니라 현재 그리고 우리를 둘러싼 세상과 연결되어 그것을 충실히 살아낼 수 있다. 현실을 완전히 자각할 수 있다.

< 디톡스 솔루션

아무것도 하지 않아서 얻는 큰 혜택

아무것도 하지 않는 시간을 갖는 것은 어떨까? 그냥 흘러가는 대로 몸을 맡기는 것은? 그렇게 해서 몽상도 하고 동시에 현재에 뿌리박고 있다는 느낌을 가져보자.

부메랑 효과

스마트폰과 SNS로 인해 해고를 당하는 사례가 등장했다. 해당 직원은 가짜 의료 증명서를 회사에 제출한 다음에 나이트클럽에서 신나게 즐기는 영상을 포스트로 올렸다. 원래는 병가를 냈으니 그 시간에 침대에 누워 있어야 하는데 말이다.

부정직했던 직원은 바보 같아서 들킨 건지 모르지만 실수로 그러는 경우도 늘어나고 있다. 모든 걸 공유하겠다는 반사적 행동이 워낙 자연스럽게 나와서 그 포스트가 엄청난 결과를 가져올 수 있다는 사실을 인식하지 못하는 것이다. 질투심 많은 동료나 열정 넘치는 인사팀장이 우리의 페이스북에 들어와서 이것저것 살펴보다가 우리 이미지에 타격을 줄 사진이나 비디오를 볼 수도 있다.

이것은 사람을 뽑을 때에도 마찬가지이다. 요즘은 지원자의 프로필을 구글링하지 않고 SNS에서 계정을 파헤치지 않는 인사팀장이 드물 것이다. 그들이 발견한 것은 지원자를 고용하고 싶은 마음에 도움이 되지 않는 경우가 많다. 맥주에 고주망태가 된 저녁 파티 사진을, 그것도 일하는 평일에 찍은 사진을 많이 올려놓았다면 고위 간부직에 지원하기란 쉽지 않을 것이다. 흠…… 몰랐나? 사진에 날짜가 표시된다는 걸?

현재 정치계를 예로 들어보자. SNS에 파묻혀 지내는 신세대 정치인들 중 일부는 위험하다 싶은 불만이나 사진을 올리기도 한다. '극단적'이거나 도덕적으로 이미지에 타격을 줄 수 있을 페이지에 '좋아요'를 누르기도 한다. 기자들은 정치인들이 SNS 계정을 만들자마자 달려들어 그들을 쉴 새 없이 공격한다. 정치인들 중 아무도 진탕 마신 파티 사진과 의원직을 위협할 수 있는 포스트를 지울 생각을 하지 않는다. 그리고 새로운 노이즈 마케팅이 될 충격적인 포스트를 또다시 올린다.

대청소를 해야 잊힐 권리를 얻는다

과장이 아니라, 우리가 올린 포스트는 장기적으로 해를 입힐 힘이 진짜 있다. 마치 부메랑 효과처럼 우리가 올렸던 글과 사진이 우리의 이미지를 추락시켜서 지금 하는 일에 문제가 될 수 있다.

시간을 내서 몇 년 동안 올린 포스트들을 점검하자. 혹시 과거에 올렸던 글이 이제 와서 그때와 달라진 나에게 불리하게 작용하는 것은 아닌지 확인하자. 포스트를 다 보관할 필요가 있나? 잊힐 권리는 분명 존재하지만 포스트를 계속 올리는 SNS에서는 없다고 봐야 한다.

도파민 알림

과학 전문 기자 샤론 베글리Sharon Begley는《멈출 수 가 없어요! 충동에 관한 연구Can't Just Stop : An Investigation of Compulsions》에서 충동의 원리를 이렇게 설명했다.

"도파민의 회로는 우리가 무언가를 얼마나 좋아할지, 그 무언가가 우리에게 얼마나 많은 쾌락을 선사할지 미리 예측하는 능력을 가졌다는 사실이 밝혀졌다. 이 회로는 현실이 얼마나 예측과 들어맞는지 혹은 들어맞지 않는지 계산도 한다. …… 만약 현실이 기대에 미치지 못하면 도파민이 크게 줄어들어서 불쾌감이 들고, 그 부족함을 메우려고 자꾸 똑같은 일을 반복하게 된다."

그렇다면 사실 우리를 자극하는 것은 알림 메시지가 아

니라 그 알림 메시지를 보고 우리가 느낄 기쁨을 예상한 도파민의 증가이다. '좋아요'가 또 들어왔나? 메시지가 또 들어왔나?

내용을 확인하고 실망할 때가 더 많으니 다음 알림 메시지가 뜨면 기대를 가지고 재빨리 확인한다. 도파민의 자극 때문에 우리가 기대한 기쁨을 느끼게 해주는 내용이 들어올 때까지 계속해서 메시지를 기다리는 것이다.

< 디톡스 솔루션

 중독의 사슬을 서서히 끊자

쾌락을 예측하는 도파민 회로가 고착되면 스스로 휴대전화를 보지 않도록 절제하는 것이 어렵다. 보지 않는 습관이 기계적으로 몸에 배지 않았을 때에는 더 그렇다. 우리는 단계적으로 중독에서 벗어나는 방법을 시도할 수 있다. 예를 들어 알림 메시지 2개가 들어올 때까지 메시지를 확인하지 않는다. 그 다음에는 3개, 4개로 계속해서 늘려나간다. 이렇게 하면 메시지가 중요해서가 아니라 몸에서 일어나는 화학 반응 때문에 갖게 된 이런 습관을 서서히 고칠 수 있을 것이다.

빈티지 유행

빈티지가 새로운 유행으로 자리 잡고 있다. 버튼식 옛날 휴대전화로 돌아가는 것이다. 믿기지 않는다. 하지만 〈보그〉 편집장 애나 윈터Anna Wintour, 리한나Rihanna, 스칼릿 조핸슨Scarlett Johansson 같은 유명 인사들이 이 유행을 지지하는 것은 휴대전화 제조사를 고발하고 보이콧하기 위함이다. 이 기업들은 스마트폰 생산을 위해 노동력을 착취하고 천연자원을 약탈하기 때문이다.

이 유행을 '노코어스nocores'라고 부른다. 놈코어Normcore, 표준을 뜻하는 norm과 핵심을 뜻하는 core의 합성어로, 최신 트렌드를 따르지 않는 문화 ─옮긴이 에 맞추어 물건을 원래의 목적대로 사용해서 본질로 돌아가자는 것이다. 일종의 사회 투쟁이 유행이 된 경우이다.

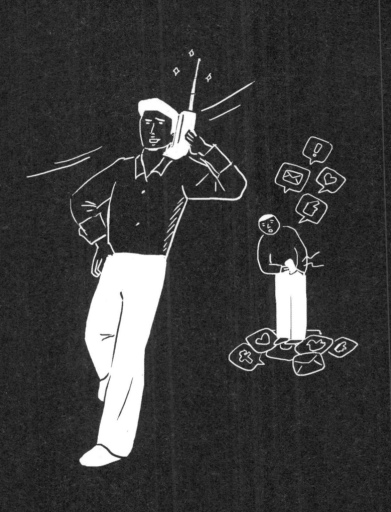

휴대전화의 빈티지스러운 사용은 연락 가능한 시간을 제한하는 목적도 있다. **연락이 되지 않는 것이 새롭고 쿨한 유행인 것이다.** 이것은 어떻게 보면 "일주일 내내 종일 연락이 안 되는 상황이어도 될 만큼 나는 나 자신을 믿어. 나한테 정말 할 말이 있는 사람은 어떻게 해서든 말을 하겠지."라는 의미이기도 하다. 연락이 안 되는 상태가 일종의 사치가 될 수 있는 것이다.

실용적인 면에서 살펴보면, 구식 전화기는 엄청 저렴하고 _{스마트폰을 쓰느라 잊어버렸겠지만} 배터리도 이틀 이상 간다. 튼튼하고 떨어뜨릴 위험도 없다. 잃어버리면 그냥 바꾸면 된다. 인터넷에 연결되지 않기 때문에 중독성도 훨씬 적고 요금도 몇 푼밖에 안 든다.

휴대전화 최초의 용도로 회귀해서 정신의 자유와 시간, 사람들과 교류를 되찾고 삶을 갉아먹는 기생충 같은 알림 메시지는 없애자.

빈티지로의 회귀 그 자체가 진정한 디톡스 솔루션이 될 수 있다.

공갈폰

스마트폰 과다 사용을 억제하기 위한 디톡스가 필요하다는 인식은 '노폰NoPhone'과 같은 희한한 아이디어들을 낳기도 했다.

미국과 네덜란드 디자이너들의 합작품인 노폰은 스마트폰처럼 생겼지만 사실은 아무런 기능이 없는 제품이다. 노폰의 목적은 우리가 전화기를 사용하면서 들였던 습관을 재창조하는 것이다. 담배를 피우는 대신 이쑤시개나 성냥을 입에 물고 있는 것과 비슷한 이치이다.

스마트폰을 반사적으로 들여다보는 습관을 버리게 해주는 이 제품의 가격은 12달러이다. 18달러 버전은 셀카를 찍을 때 들여다보던 거울을 부착한 것이다.

뭐, 큰일은 아니겠지만

스마트폰이 등장한 이후 우리의 작은 일상 중 변한 것이
몇 개 있다.

메시지를 보낼 때 "안녕?"은 "너 어디야?"로 바뀌었다.

연인에게 전화를 할 필요 없이 이모티콘 몇 개를 투하하
고 만다.

앞에서도 보았듯이 길거리에서 전화에 대고 고래고래
소리 질러도 그냥 엄청 바쁜 사람인가 보다 하고 생각한다.

주소를 모르는 곳에서 약속을 잡지 않는다. 하지만 GPS
로 가다 보면 중간에서 만난다.

철자법이 엉망이어도 괜찮다. 정확한 문장으로 SMS를
보내면 대단한 사람으로 대접받는다.

식사 초대 때, 휴가 가서 찍은 사진을 영사기로 보여주던 시절은 지났다. 지금은 테라스에 앉아서 친구들과 한잔하는 동안, 오베르뉴에서 보냈던 가족 휴가 사진 500장을 무리 없이 볼 수 있다.

운동을 하지 않는 사람들도 건염과 테니스엘보우에 걸린다. 몇 시간 동안이나 게임을 하거나 휴대전화를 들어올려 공연을 찍기 때문이다.

누구나 나의 스피커 블루투스 연결을 잡아채서 토 나오는 플레이리스트를 아무렇지도 않게 강요한다.

거하게 마신 저녁 모임 다음 날, 찍는 줄도 몰랐던 비디오에서 내 부끄러운 모습을 발견한다.

사운드를 포기하지 마

바야흐로 이제는 스마트폰의 스피커가 집에서 음악을 감상할 수 있는 최신 장비라고 믿는 지경에 이르렀다. 정말 유감이다.

한때 사운드 엔지니어였던 내가 감히 한마디 하자면, 또 장피에르 코프Jean-Pierre Coffe의 말을 풀어서 말해보자면, 친구들과 모여 춤추고 놀 때 스마트폰과 유튜브 연결로 테이블 위에서 디제잉을 하는 것은 "빌어먹을!"이다.

친구 집에서 파티를 했던 날이 생각난다. 식사에 곁들여 술을 어지간히 마신 뒤에 의자 위에 올라가 흥이 오를 대로 오른 친구들이 노래방 기기를 틀고 80년대 샹송을 부르자고 고집을 부렸다.

"반주 틀어줄래?"

"노래방 채널 없는데. 텔레비전 바꾸고 나서 다시 연결을 안 해놨거든."

"그럼 음악이라도 틀어줘."

"잠깐, 전화로 틀게."

그다음에는 우스꽝스러운 장면이 연출되었다는 사실은 어렵지 않게 상상할 수 있을 것이다. 테이블 위에 놓인 스마트폰에서 시끄러운 반주가 울려 퍼지고, 바로 앞에서는 아무렇지도 않은 듯 반주에 맞춰 노래를 불렀다. "여자! 여자! 당신에게 말하고 싶어. 사랑한다, 사랑해!!!"

"야, 소리 좀 높여봐. 아무것도 안 들려."

"제일 크게 한 거거든."

소리를 조금이라도 키워보려고 나는 가구 위에 놓인 커다란 꽃병을 가져와서 테이블 위에 놓고 그 안에 스마트폰을 넣었다. 티슈로 꽃병을 반쯤 덮어서 거친 소리를 좀 죽이고 음량만 키울 수 있었다. 꽃병이 공명 상자 역할을 한 것이다. 하지만 이건 임기응변일 뿐이었다.

음악을 사랑하는 사람들조차도 거실에 음악을 편안하게 감상할 최소한의 장치를 가지고 있지 않은 걸 보면 정말 놀랍다. 농담이 아니라, 우리가 어렸을 적 들었던 모노 카세트 그래, 얘들아, 스테레오가 아직 없던 시절이야도 스마트폰보다 백 배는 더 좋은 소리와 진동을 가지고 있었다. 그렇게 기억력이 나쁘단 말인가?

• 음악을 위한 해결책 :

앰프, 스피커 한 쌍, 또는 그럭저럭 괜찮은 스마트폰 거치형 스피커를 사고 싶지도 않거나 살 형편이 안 되는 사람들에게는 간단한 해결책이 있다. 누구에게나 창고에 굴러다니는 하이파이 스테레오가 있을 것이다. 아니면 고물상에서 사면 된다. 적어도 가장 중요한 앰프는 작동하는 것이어야 한다. 스테레오를 거실에 가져다 두자. 보기 싫다면 가구 안에 넣으면 된다. 2유로를 투자해서 RCA 잭을 산다. 그리고 잭을 스테레오 뒤검은색과 빨간색 구멍에 연결하고 반대편에는 스마트폰을 연결한다. 그러면 스마트폰으로는 음악을 선택할 수 있고 스테레오에서는 괜찮은 음질의 음악이 나올 것이다.

가짜 웃음

우리는 휴가지에서든 파티에서든 자세를 잡고 사진을 찍던 시절과 자연스럽게 사진을 찍던 시절을 모두 경험했다. 이런 사진들은 사진기가 발명된 이후 필름 카메라에서 디지털 카메라로 넘어올 때까지 거의 언제나 존재했다. 그런데 스마트폰이 등장하면서 새로운 종류의 사진이 발명되었다. 나는 그걸 '가짜로 웃는 사진'이라고 부른다.

이런 사진은 연출한 사진과 자연스러운 사진의 중간쯤된다. 자연스러우면서도 동시에 장점을 부각하는 사진이다. 그래서 가장 이상적인 자세를 취한다. 요즘 우리가 찍는 사진 대부분, 특히 사람들과 같이 찍는 사진들이 이런 새로운 스타일이다. 이런 사진은 사실 우리의 삶을 인위적으로 연출하게 만드는 장치이다.

사실 재미없어서 입이 찢어지도록 하품이 나오는 모임에 누구나 한 번쯤 가봤을 것이다. 분위기도 축 처지고 스마트폰도 자주 들여다보는 그런 모임.

모임에서 어느 순간 내가 나서서, 또는 옆에 앉은 사람이 나서서 '가짜로 웃는' 단체 사진을 찍는다. 자연스럽게 파티 분위기에 맞춰 포즈를 취하고 손가락으로 V자를 만들거나 하트, 또는 권총을 쏘는 모양을 만든다. 촬영이 끝나면 다들 언제 그랬냐는 듯이 자기 자리로 돌아간다.

지루하고 서로 말도 안 하지만 행복하고 재미있고 웃음 가득한 그 '잊지 못할' 순간을 영원히 남기는 것은 매우 중요한 일이다. 그리고 특히! 그 사진을 곧장 SNS에 올려야 한다. 사진을 올리고 '좋아요'와 댓글을 기다리며 또 얼마간의 시간을 보낸다. 하지만 그 '가짜로 웃는 사진'은 그 순간 내가 느끼는 기분을 나타내지 않는다.

앗, 당신도 이제 그런 순간이 기억나는가? 누구나 한번쯤 그런 순간을 경험했다. 그러니 심각할 것은 없다. 그냥 그렇다는 것이다. 내가 이 가짜 행복의 사진들을 보며 한 생각은 '도대체 어디에 쓰이지?'였다. 우리를 위해 찍은 것인지, 아니면 우리의 멋진 삶을 연출하기 위해 찍은 것인지?

한편으로는 '무제한 긍정'이 하나의 문화가 된 것도 사실이다. 이 문화에서는 화를 내는 사람, 문제가 있는 사람, 실패한 사람, 우울한 사람, 못생긴 사람을 참아주지 못하기 때문에 결국 가짜로 행복한 사진을 찍고 올리는 현상을 가중시킬 뿐이다.

우리는 불평을 늘어놓을 권리도, 문제를 가질 권리도 없는 세상에서 살고 있다. 성공의 문화, '어느 모로 보나 좋아야 하는' 문화, 송곳니까지 드러내는 웃음을 짓는 문화가 피할 수 없는 교리가 된 세상에 살고 있다. 항상 더 재미있어야 하는 가식적인 세상, 삶의 겉면만 중요해진 세상에 살고 있으므로 외모는 아름다움과 웃음과 성공으로 빛나야 한다.

결국 가짜 행복의 이미지들은 실체가 아닌 허상이다.

> ### ‹ 디톡스 솔루션
>
> **가면을 벗자**
> 다시 한 번 조금은 솔직해지려고 해보자. 삶에서 약간의 즐거움을 되찾기 위해. 가고 싶지 않은 모임을 견디지 않아도 된다고 우리 자신에게 허락해주기 위해.

교육의 블랙홀

요즘 학생들이 학교 바깥뿐만 아니라 교실에서도 내내 스마트폰을 쓰는 현상을 다룬 연구가 많다. 아이가 스마트폰으로 원할 때마다 다른 세계로 빠져나갈 수 있기 때문에 결국 이런 현상은 아이가 학교와 단절되는 결과를 낳는다. 휴대전화에 정신을 빼앗기고 하루에 수백 통의 SMS를 주고받으며 시간을 보내느라 집중할 시간과 전반적인 학습이 분절되고 질서를 잃는다. 휴대전화가 학업 부진에 미치는 영향이 수치화되기 시작한 것은 최근의 일이다. 교사들은 학생들의 강박적이고 지속적인 스마트폰 사용에 대해 경고하고 나섰다. 스마트폰 때문에 교육에 제대로 구멍이 뚫렸다는 것이다.

최근 프랑스에서 이루어진 한 조사[9]에서 경종을 울리는 또 다른 현상이 드러났다. 18~30세 성인 3명 중 1명이 12세에 포르노 콘텐츠를 접했고, 특히 학교에서 쉬는 시간에 많이 접했다고 한다. 62퍼센트는 15세에 이런 콘텐츠를 처음 봤다고 응답했다. 이런 현상은 2012년부터 폭발적으로 증가했다. 더 어린 나이에 그런 콘텐츠를 본다면 어떨지 상상해보라.

학업 부진, 일부 학생들의 두드러진 탈사회화, 일찍이 포르노에 노출되고 서로 공유하면서 현실과 가상을 구분하지 못할 정도가 된 아이들……. 아이들이 의식하지 못한 채 휴대전화를 남용하는 것을 이제는 책임 있는 부모로서 통제하기 시작해야 하지 않을까?

---

9 오피니언웨이(OpinionWay)가 〈20분(20 minutes)〉에서 실시한 여론 조사로 결과는 2018년 4월 1일에 발표되었다.

복종

잠깐 문제를 풀어 보자. 다음의 신체적 특징은 어느 동물에 해당하는가?

- 땅을 향한 시선

- 밑으로 떨군 고개

- 비뚤어진 척추와 목

- 새가슴

- 새우등

그 동물은 바로 '호모 스마트포니엔스'이다.

척추를 비롯한 우리 몸에 악영향을 주며 마치 노인처럼 보이게 하는 자세가 문제인데, 이를 동물들의 자세와 비교해보면 한 가지 의문이 생긴다.

앞에서 나열한 자세는 동물들이 두려움을 느낄 때 움츠러들면서 취하는 자세이다. 자기보다 힘이 센 동족이나 포식자에게 복종을 표시하는 자세인 것이다.

혹시 스마트폰은 포식자이며, 우리가 우리의 삶에 대한 모든 권한을 부여한 그 포식자에게 복종하고 있는 것은 아닐까? 스마트폰은 우리의 자유, 우리의 시간, 우리의 기분에 영향을 미치는 힘이 아닐까?

＜ 디톡스 솔루션

복종에서 해방까지

호모 스마트포니엔스의 자세에서 벗어나 눈을 들고, 고개를 들고, 어깨를 펴고, 똑바로 서자. 이것이야말로 복종하지 않고 포효하는 기쁨을 되찾는 유일한 길이 아니겠는가.

변기 vs. 전화기

컴퓨터 키보드 때문에 이 문제가 제기된 적이 있었는데, 스마트폰은 또 다른 기록을 세웠다.

스마트폰에 공중 화장실보다 500배나 많은 세균이 있다는 것을 아는가? 아니, 이것은 가짜 뉴스가 아니다. 스마트폰을 아무 데나 두고 아무 데서나 사용하는 바람에 세균이 쌓이고 쌓여서 그렇게 된 것이다. 웩!

하지만 부엌과 화장실을 거쳐 자동차 글로브 박스에 이르기까지 수많은 테이블, 책상, 방석, 세면대가 스마트폰이 가는 길에 놓여 있다. 그런 스마트폰을 우리는 사랑스럽게 쓰다듬고 그다음에 그 손으로 턱수염을 긁는다. 건강 염려증 환자가 되라는 것이 아니라 스마트폰을 노상 쓰다 보니 이런 결론에 이르지 않을 수가 없다. 이 정도일 줄은 미처 몰랐지만.

'스마트'의 무덤

영어로 'smart'가 '똑똑하다'라는 뜻인 건 틀림없는데 스마트한 폰을 쓰는 우리는 모두 바보가 되었다. 플라스틱, 유리, 금속을 합쳐 놓은 덩어리 때문에 나쁜 습관에 물들고 우리의 삶을 노출시켰으니 말이다.

우리는 스마트폰이 휴대성이 좋은 도구에서 똑똑한 도구로 변하는 것을 목격했다. 그 길목에서 우리가 뇌 몇 조각을 잃어버린 건 아닐까?

인간은 언제나 노동의 고통과 성공에 대한 불안감을 달래주기 위해 무언가를 발명했다. 그러나 '실용'에서 '지성'으로 나아가기를 바라는 발명품이 어떤 경계를 넘어선 것인지는 더 알아봐야 한다.

스마트폰과 관련된, 억제할 수 있을 줄로만 알았던 오남용 문제가 이미 대두되었고, 실용적인 것을 넘어 새로운 관점을 제시하려는 인공 지능의 발달은 많은 문제를 생각하게 만든다. 윤리적 문제, 도덕적 문제, 또는 인간으로서 우리가 가진 이해, 수용, 제어의 능력을 고민해야 한다.

우리의 손, 눈, 의식, 질투심을 가만두지 않는 이 단순한 스마트폰을 바라보면서, 우리가 아직 어느 정도는 인간이라고 느끼면서, 세계 곳곳에서 단련되고 있는 기술의 기하급수적 발전으로부터 무엇을 기대하고 예측하고 두려워해야 하는가?

겨우 게임에서 쌓고 터뜨려야 하는 벽돌이나 거품 몇 개에 세상의 아름다움을 잊는 우리가 미래에는 얼마나 빨리 기술이 요구하는 적응 능력을 갖추게 될까?

나는 기술과 기술이 이루어낸 진보를 사랑한다. 하지만 우리는 기술이 발전하는 속도로 그 기술을 흡수하고 소화해서 똑똑하게 사용할 수 있을까?

기술이 우리를 초월할 때 우리는 기술을 어떻게 처리해야 할까?

그때 과연 누가 '삭제' 버튼을 누를 것인가?

휴대전화 없이
살 수 있을까?

우리는 많은 일을 휴대전화 없이 할 수 있다. 아직은 그렇게 살 수 있다. 그러나 휴대전화에 많은 서비스가 집중되어 있고, 휴대전화가 없으면 아예 이용이 불가능한 서비스가 있기 때문에 앞으로 우리의 행복만을 위해서 휴대전화 기술의 급격한 발전을 막을 가능성은 거의 없다.

인터넷으로 이용 가능한 행정 서비스들도 곧 휴대전화 애플리케이션으로 가능하게 될 것이다. 또한 일상생활에서 사용하는 사물인터넷도 폭발적으로 증가할 것이다.

건강 진단에서 지불 수단에 이르기까지 모든 것이 기기 하나로 이루어질 것이다. 이는 누구도 피할 수 없는 현상이며 다른 데이터 접속 방법이 끊기면 누구도 그 기기 없이는 살 수 없을 것이다. 이런 미래는 그리 멀지 않았고 그리 새롭지 않다. 우리가 선택한 방향의 모습일 뿐이다.

평범한 예를 들어볼까? 요즘 지상파 채널을 수신하는 집이 어디 있는가? 그런 시절은 먼 옛날처럼 느껴진다. 지금은 디지털이나 인터넷 수신기로 텔레비전을 보는 게 일상이다. 텔레비전 콘센트에 간단히 안테나를 꼽거나 급할 때에는 옷걸이나 포크를 찔러 넣어 농담이 아니라 진짜 통했다 방송을 보는 것은 이제 더 이상 가능하지 않다. 기술적으로 보면 예전보다 더 좋아졌다고 할지 모르겠지만 **서비스에 접속할 수 있는 시스템이 하나밖에 없으면 그 도구를 제외하거나 우회하거나 거절할 도리가 없어진다.**

미래는 여기에서 조금 더 나아간다.

이미 실험도 진행 중이지만 미래에는 피부 밑에 이식한 칩이 없으면 자신의 의료 기록도 볼 수 없는 세상이 온다. 그 칩에는 우리의 모든 데이터가 저장되어 있을 텐데 과연 누가 이식을 거부할 수 있을까? 또 우리의 행복과 건강을 위해서라는 미명하에 칩 이식이 법적 의무 사항이 된다면 어떤 부모가 자식에게 칩을 안 심어줄까?

우리가 휴대전화로 SNS에 올리는 데이터들을 봤을 때,

앞으로 소중한 데이터의 접속과 활용은 어떻게 변할까? 지금의 휴대전화는 2050년의 사람들에게는 부싯돌처럼 보이지 않을까?

미래학자 이안 피어슨Ian Pearson은 스위스의 일간지 〈르탕Le Temps〉과의 인터뷰에서 이렇게 말했다. "제가 스마트폰이 아니라 일반 휴대전화를 가지고 있으면 사람들은 저를 비웃을 겁니다. **하지만 10년 뒤에는 스마트폰도 놀림거리가 될걸요?**" 그는 스마트폰, 태블릿 PC 등 스크린이 아예 사라져서 망막으로 대체될 것이라고 예견했다. "스크린을 망막에 투사하는 기술은 제가 1991년부터 예견했던 일이고 이미 현실이 되었습니다. 인텔은 '반트'라는 스마트 안경 시제품을 테스트 중입니다. 눈에 레이저로 투사하는 장치이죠. 이 기기의 전망은 매우 밝습니다. 이런 혁신 제품이 결국 스크린의 종말을 고할 것이라 생각합니다. …… 스마트 안경이든 스마트 렌즈든 눈이 우리의 스크린이 될 것입니다. 레이저의 강도는 눈 건강을 해치지 않을 정도로 약할 것이고요. 이 기술이 보여주는 가능성은 무궁무진합니다. …… 컴퓨터나 전화기를 몸에 지니고 다닐 필요가 없어집니다. 컴퓨터의 계산은 원격으로 이루어질 테니까요. 초

고속으로 인터넷에 접속한 인간에게 믿을 수 없는 가능성이 열립니다. …… 휴대전화의 가상 스크린을 앞에 띄워서 메시지를 확인할 수 있고, 거리를 다니면서 도시의 건물에 관한 정보를 얻을 수도 있습니다. 360도 입체 영상의 증강현실로 상점을 구경할 수도 있고요. 현실을 바꾸고 싶다면 지나가는 사람들의 얼굴을 바꾸거나 길거리에 외계인들을 심어놓을 수도 있습니다."

증강 현실에 24시간 중독되는 현상에 대해서 이안 피어슨은 우려를 감추지 않았다. "그것은 청소년에게 특히 위험합니다. 매일 아침에 수백만 개의 옵션 중에서 자신의 외모를 결정해야 할 겁니다. 그리고 친구들의 '좋아요'로 만족을 느끼려는 경향이 강해질 겁니다. 따라서 청소년의 자기애 성향이 극에 달하고 그것이 24시간 접속에 중독된 것과 마찬가지로 건강에 실질적인 위험이 될 것입니다."

진보와 기술 발전을 막을 수는 없다. 하지만 점점 심해지는 접속 중독에서 일정한 거리를 둘 수는 있다. 기술에 잠식되는 일이 없도록 휴대전화의 사용을 최소한으로 줄이고 제한할 필요가 있다.

휴대전화에 급속도로 중독되는 것은 우리가 준비해야

할 미래 세계라는 빙산의 일부분일 뿐이다. 그러나 초기 중독에서 교훈을 배워야 미래에 기술과 예측이 인간과 인간의 행복을 위하여 존재할 수 있다.

휴대전화 중독 테스트

다음은 휴대전화에 대한 의존증을 알아보는 테스트이다. 각 항목을 읽고 '예' 또는 '아니오'로 답해보자.

001 낮 동안 휴대전화를 꺼놓거나 비행기 모드로 둔다.

☐예 ☐아니오

002 하루에 4시간 이상 스마트폰을 사용한다.

☐예 ☐아니오

003 매일 알림 메시지를 몇 번이나 확인하는가? 그 수에 2를 곱했을 때 80번 이상인가?

☐예 ☐아니오

004 SNS에 올린 포스트에 '좋아요'가 몇 개나 되는지 정기적으로 확인한다.

☐예 ☐아니오

005 휴대전화를 두고 집을 나설 수 있다.

☐예 ☐아니오

006 친구들과 모였을 때 다른 곳에 있는 사람들과 SMS를 오래 주고받는 일이 있다.

☐예 ☐아니오

007 친구와 술이나 커피를 마실 때 메시지를 받으면 일일이 답한다.

☐예 ☐아니오

008 친구와 만나 커피를 마시면서 서로 자기 휴대전화에 있는 사진, 메시지, 댓글 등을 보여준다.

☐예 ☐아니오

009 앞에 사람이 있는데도 다른 사람과 통화를 하거나 메신저나 SMS 등으로 메시지를 주고받은 적이 있다.

☐예 ☐아니오

010 저녁에는 휴대전화를 머리맡에 둔다.

☐예 ☐아니오

011 휴대전화를 보면서 잠이 든다.

☐예 ☐아니오

식당에서 :

• **012** 테이블에 휴대전화를 올려놓는다.

☐예 ☐아니오

• **013** 정기적으로 알림 메시지를 확인한다.

☐예 ☐아니오

• **014** 전화가 오거나 SMS가 도착하면 전화를 받거나 답을 한다.

☐예 ☐아니오

• **015** 식사 내내 휴대전화를 주머니에 넣어 둔다.

☐예 ☐아니오

• **016** 테이블에 앉으면서 휴대전화를 진동이나 비행기 모드로 바꾼다.

| □예 | □아니오 |

- **017** 일행이 담배를 피거나 화장실에 가려고 자리를 비울 때 알림 메시지를 확인한다.

| □예 | □아니오 |

018 영화관이나 공연장을 갈 때 휴대전화를 끈다.

| □예 | □아니오 |

019 공연이나 영화 관람 도중에 휴대전화를 확인한 적이 있다.

| □예 | □아니오 |

020 기차를 탈 때 휴대전화를 항상 무음으로 한다.

| □예 | □아니오 |

021 기차 안에서 전화가 오면 연결 통로로 나와 통화한다.

| □예 | □아니오 |

022 콘서트장에서 좋아하는 곡이 연주되면 휴대전화를 위로 치켜들고 곡이 끝날 때까지 촬영한다.

| □예 | □아니오 |

023 업무 미팅 자리에 나갔을 때 테이블 위에 전화기를 올려 둔다.

| □예 | □아니오 |

024 SMS나 메신저로 누군가와 다투게 되었을 때 전화를 걸어 문제를 해결하지 않는다.

| □예 | □아니오 |

025 친구 집에 가서 배터리를 충전한다.

☐예 ☐아니오

026 업무 중 휴대전화 보는 시간이 많다. 하루에 몇 번만 봐도 한 시간이 훌쩍 넘는다.

☐예 ☐아니오

027 걸어가면서 휴대전화를 보다가 어디에 박거나 계단을 헛디딘 적이 있다.

☐예 ☐아니오

028 식당에서 음식 사진을 찍거나 바다를 배경으로 발을 찍은 적이 있다.

☐예 ☐아니오

029 빵집이나 가게, 매표소 앞에서 줄을 서는 내내 고개를 휴대전화에 박고 있다.

☐예 ☐아니오

030 셀카를 정기적으로 찍는다.

☐예 ☐아니오

031 거리를 걸어다니면서 휴대전화를 사용한다.

☐예 ☐아니오

032 사고 현장이나 폭행 장면을 비디오나 사진으로 찍은 적이 있다.

☐예 ☐아니오

033 SNS에 자녀의 사진을 올린 적이 있다.

☐ 예 　　　　　　 ☐ 아니오

034 연인과 함께 데이트를 할 때 휴대전화를 오래 사용한다.

☐ 예 　　　　　　 ☐ 아니오

035 메시지를 읽느라 상대방의 말을 듣지 못해서 다시 한 번 말해 달라고 한 적이 있다.

☐ 예 　　　　　　 ☐ 아니오

036 일행이 각자 휴대전화에 빠지는 바람에 몇 분 동안 말도 없이 보낸 적이 있다.

☐ 예 　　　　　　 ☐ 아니오

037 스마트폰에 중독되었다고 생각한 적이 있다.

☐ 예 　　　　　　 ☐ 아니오

038 앱이나 인터넷에서 게임을 하다가 아이템을 산 적이 있다.

☐ 예 　　　　　　 ☐ 아니오

화장실에서:

• **039** 화장실에 갈 때 스마트폰을 들고 간다.

☐ 예 　　　　　　 ☐ 아니오

• **040** 화장실에 가서 스마트폰을 쓴다.

☐ 예 　　　　　　 ☐ 아니오

운동할 때:

- **041** 스마트워치가 있다.

  ☐ 예　　　　　　　　☐ 아니오

- **042** 운동 결과를 측정하는 앱을 쓴다.

  ☐ 예　　　　　　　　☐ 아니오

- **043** 운동 결과를 SNS에 올린다.

  ☐ 예　　　　　　　　☐ 아니오

044 온라인 스포츠 게임을 한다.

  ☐ 예　　　　　　　　☐ 아니오

045 생일이나 기념일을 축하하는 SMS를 보낸다.

  ☐ 예　　　　　　　　☐ 아니오

046 긴장을 풀고 쉬고 싶을 때, 낮잠을 자고 싶을 때 휴대전화를 끈다.

  ☐ 예　　　　　　　　☐ 아니오

047 목이나 승모근이 아파서 정형외과를 주기적으로 찾는다.

  ☐ 예　　　　　　　　☐ 아니오

048 전화기를 잃어버리거나 도둑맞으면 큰일이라고 생각한다.

  ☐ 예　　　　　　　　☐ 아니오

049 스마트폰이 사람들을 가깝게 해준다고 생각한다.

□ 예   □ 아니오

050 저녁에 친구와 오래 통화를 한다.

□ 예   □ 아니오

051 스마트폰으로 메시지를 읽거나 쓰면서 길을 건너거나 보행로를 걸어간 적이 있다.

□ 예   □ 아니오

052 점심을 혼자 먹을 때 대부분의 시간에 스마트폰을 본다.

□ 예   □ 아니오

053 재택근무에 찬성한다.

□ 예   □ 아니오

054 연결을 끊을 권리에 반대한다.

□ 예   □ 아니오

휴가지에서:

- **055** 와이파이가 유료였을 때 호텔이나 숙박 시설에서 서비스를 이용한 적이 있다.

    □ 예   □ 아니오

- **056** 휴가지에서 와이파이 접속이나 최소한 4G가 반드시 필요하다.

    □ 예   □ 아니오

- **057** 연결이 끊긴 휴가를 제안하는 곳을 반대한다.

□예　　　　　　　　□아니오

058 운전하면서 휴대전화를 쓴 적이 있다.

□예　　　　　　　　□아니오

059 12세 미만의 아이가 스마트폰을 가져도 괜찮다고 생각한다.

□예　　　　　　　　□아니오

데이트 앱:

- **060** 데이트 앱을 이용한 적이 있다.

　□예　　　　　　　　□아니오

- **061** 연인이 있지만 아직 데이트 앱을 지우지 않았다.

　□예　　　　　　　　□아니오

- **062** 연인이 있지만 여전히 데이트 앱을 이용한다.

　□예　　　　　　　　□아니오

063 한밤중에 쓸데없는 이유로 누군가 전화를 한 적이 있다. 상대방은 당신이 잠이 들었는지 신경쓰지 않았다.

□예　　　　　　　　□아니오

064 지인이나 모르는 사람에게 SMS, 메신저, SNS로 몇 달 동안 괴롭힘을 당한 적이 있다.

□예　　　　　　　　□아니오

065 스마트폰을 쓰느라 부주의로 집에서 사고를 당한 적이 있다.

□예　　　　　　　　□아니오

066 휴대전화를 일부러 꺼두는 날이 단 하루도 없다.

☐예 ☐아니오

067 약속 장소에서 누군가를 기다리다가 마음이 불편해서 휴대전화를 보는 척한 적이 있다.

☐예 ☐아니오

애플리케이션:

• **068** 스마트폰에 앱을 많이 깔았다.

☐예 ☐아니오

• **069** 그 앱을 다 사용한다.

☐예 ☐아니오

• **070** 유료 앱을 다운로드받은 적이 있다.

☐예 ☐아니오

071 휴대전화를 알람시계로 사용한다.

☐예 ☐아니오

072 연인과 수십 통의 SMS를 주고받는다.

☐예 ☐아니오

친구 집에서 식사할 때 :

• **073** 휴대전화를 손에 들고 있다.

☐예 ☐아니오

- **074** 밥을 먹는 동안 메시지, 페이스북, 인스타그램, 트위터 등을 계속 확인한다.

  ☐ 예　　　　　　☐ 아니오

욕실에서 :

- **075** 욕실에 휴대전화를 들고 간다.

  ☐ 예　　　　　　☐ 아니오

- **076** 휴대전화로 라디오를 듣는다.

  ☐ 예　　　　　　☐ 아니오

- **077** 욕실에서 알림 메시지를 확인하고 SMS에 답한다.

  ☐ 예　　　　　　☐ 아니오

전화기 교체 :

- **078** 주기적으로 휴대전화를 바꾼다.

  ☐ 예　　　　　　☐ 아니오

- **079** 휴대전화의 브랜드가 중요하다.

  ☐ 예　　　　　　☐ 아니오

- **080** 항상 최신 유행 모델을 고른다.

  ☐ 예　　　　　　☐ 아니오

081 주말에 쉬거나 자연 속에 있을 때 네트워크가 없으면 불안하다.

  ☐ 예　　　　　　☐ 아니오

082 배터리가 별로 남아 있지 않은데 오랫동안 충전을 못하는 상황에 놓이면 불안하다.

☐ 예　　　　　　　　☐ 아니오

083 길거리에서는 반드시 이어폰을 끼고 통화한다.

☐ 예　　　　　　　　☐ 아니오

084 온라인 게임이나 도박 플랫폼을 이용한다.

☐ 예　　　　　　　　☐ 아니오

085 버스나 지하철에서 휴대전화 보기가 가장 좋아하는 소일거리이다.

☐ 예　　　　　　　　☐ 아니오

086 휴대전화를 집에 두고 휴가를 떠날 수 있다.

☐ 예　　　　　　　　☐ 아니오

087 휴대전화가 손에 없으면 불안감이 밀려온다.

☐ 예　　　　　　　　☐ 아니오

088 휴대전화를 이용해 당황스러운 순간을 모면한 적이 있다.

☐ 예　　　　　　　　☐ 아니오

089 이메일, SMS, SNS로 새해 인사를 한다.

☐ 예　　　　　　　　☐ 아니오

090 휴대전화를 머리맡이나 베개 밑에 두고 잔다.

☐ 예　　　　　　　　☐ 아니오

091 자유 시간 대부분을 스마트폰을 보며 보낸다.

☐예 ☐아니오

092 스마트폰으로 인한 섹스 문제는 없다.

☐예 ☐아니오

093 스마트폰을 밤늦게까지 사용하고 침대에서도 사용해서 수면에 방해가 된다.

☐예 ☐아니오

094 생각과 고민이 필요한 업무에 스마트폰은 도움이 된다.

☐예 ☐아니오

095 '기술 만능'은 시간을 절약해줘서 이익이 된다.

☐예 ☐아니오

096 가끔 메시지에 치인다는 느낌이다.

☐예 ☐아니오

097 SMS나 '좋아요', 알림 메시지가 한 개도 들어오지 않으면 외로움이 커진다.

☐예 ☐아니오

098 휴대전화를 오래 사용한 뒤에 시력 저하나 두통을 느낀 적이 있다.

☐예 ☐아니오

099 잠이 부족하고 아침에 일어나기 힘들다는 생각이 자주 든다.

☐ 예 ☐ 아니오

100 방금 올린 포스트에 '좋아요'가 몇 번이나 눌렸는지 자주 확인한다.

☐ 예 ☐ 아니오

101 포스팅한 글이나 SNS에서 본인과 관련이 있다고 생각하는 정보 때문에 친구와 사이가 틀어진 적이 있다.

☐ 예 ☐ 아니오

102 휴대전화 없이 아무것도 하지 않고 몇 시간을 보낼 수 없다.

☐ 예 ☐ 아니오

103 페이스북이나 인스타그램에 자신에 관한 '위험한' 또는 미묘한 사진이나 영상이 있다.

☐ 예 ☐ 아니오

104 스마트폰 중독은 의학적 설명이 가능하다.

☐ 예 ☐ 아니오

105 버튼식 휴대전화로 돌아가는 것에 반대한다.

☐ 예 ☐ 아니오

106 스마트폰 때문에 우스꽝스러운 상황에 처한 적이 있다.

☐ 예 ☐ 아니오

107 친구들과 음악을 들을 때에도 대부분 스마트폰으로 듣는다.

☐ 예 ☐ 아니오

108 친구들과 포즈를 취해가며 행복한 사진을 주기적으로 찍는다.

☐ 예 ☐ 아니오

스마트폰과 아동 :

- **109** 자녀(16세 미만)에게 스마트폰이 있다.

  ☐ 예 ☐ 아니오

- **110** 스마트폰은 아이의 사회성에 영향을 미치지 않는다.

  ☐ 예 ☐ 아니오

- **111** 자녀들은 휴대전화로 포르노를 본 적이 없다.

  ☐ 예 ☐ 아니오

112 스마트폰의 독재에 복종하는 것 같다.

☐ 예 ☐ 아니오

113 스마트폰은 항상 깨끗하다.

☐ 예 ☐ 아니오

114 앞으로 다가올 기술 변화가 두렵다.

☐ 예 ☐ 아니오

115 테스트가 너무 긴 것 같다. 화면을 터치하면 될 것을 일일이 손으로 체크해야 해서.

☐ 예 ☐ 아니오

'예' 라고 대답한 항목의 수를 더해서 아래에 적는다.

테스트 결과

결과는 어땠는가? '예'와 '아니오'의 수에 따라서 스마트폰이 당신의 삶에 얼마나 중요한 자리를 차지하는지 알 수 있다. 당신은 얼마나 스마트폰에 의존하는가? 가장 중요한 문제는 '당신은 얼마나 자유로운가'일 것이다.

총 115항목 중에서 :

- **'예'가 25퍼센트 미만일 때(20~25개)** : 당신은 스마트폰과 조화를 이루며 살아가고 있다. 스마트폰 사용 횟수가 적다.

- **25퍼센트 이상일 때(30개)** : 당신은 스마트폰을 정상적이고 합리적으로 사용하는 사람이다.

- **50퍼센트일 때(55개)** : 중독이 진행 중이다. 더 심해지지 않도록 주의한다.

- **75퍼센트일 때(85개 이상)** : 새로운 습관을 들여야 할 때이다. 현실 모드로 빨리 돌아오라!

- **90퍼센트 이상일 때(100개 이상)** : 당신은 노모포비아일지도 모른다. 대책을 세워라!

오프

초판 인쇄 2019년 3월 6일
초판 발행 2019년 3월 11일

지은이 스테판 가르니에
옮긴이 권지현
일러스트 최진영

책임편집 양선화
마케팅 강백산, 강지연
디자인 이정화

펴낸이 이재일
펴낸곳 토토북
주소 04034 서울시 마포구 양화로11길 18, 3층 (서교동, 원오빌딩)
전화 02-332-6255
팩스 02-332-6286
홈페이지 www.totobook.com
전자우편 totobooks@hanmail.net
출판등록 2002년 5월 30일 제10-2394호
ISBN 978-89-6496-400-2 03190

· 잘못된 책은 바꾸어 드립니다.
· '큰솔'은 토토북의 성인 출판 전문 브랜드입니다.